Luftschiffahrtsrecht.

Von

Christian Meurer

Dr. jur. et phil.

Professor der Rechte an der Universität Würzburg.

Separat-Abdruck aus den „Annalen des Deutschen Reichs" 1909, Heft 3.

München und Berlin

1909

J. Schweitzer Verlag (Arthur Sellier).

Inhalt.

Die am innern Rande der Seiten stehenden, eingeklammerten Ziffern bedeuten die entsprechenden Seiten der „Annalen des Deutschen Reichs" 1909.

Einleitung.

Am 15. Dezember 1908 beschloß der französische Ministerrat, wie seinerzeit die Zeitungen gemeldet haben, eine internationale Konferenz zum Studium der Rechtsverhältnisse der Luftschiffahrt nach Paris einzuladen. Die Völkerrechtswissenschaft hat allen Grund, für diese Initiative dankbar zu sein.

Wann und wo eine Konferenz zur endgültigen Regelung des internationalen Luftschiffahrtsrechts stattfinden wird, kann man jetzt noch nicht wissen. Daß sie aber früher oder später kommen wird, ist nicht zu bezweifeln.

Wenn die Luftschiffe, die nach endlosen Bemühungen jetzt glücklich dem Willen des Steuermanns gehorchen, wegen der Beschränkung der Tragfähigkeit und der Höhe der Kosten auch voraussichtlich noch nicht so bald den Personen- und Frachtverkehr umgestalten werden, so gibt ihnen der wissenschaftliche, Luxus-, Sport- und Kriegszweck doch heute schon eine Bedeutung, welche das Eingreifen der nationalen Gesetzgebung und internationalen Vertragsschließung fordert. Bis jetzt, und zwar erst seit dem 70er Krieg, hat die Völkerrechtswissenschaft von den Luftschiffen nur unter dem Gesichtspunkt der Spionage Kenntnis genommen.[1]) Mit der Lenkbarkeit der Luftschiffe jedoch ist das Luftschiffahrtsrecht ein Rechtsproblem geworden, in welchem ganz verschiedenartige Interessen ihren Brennpunkt finden, und das sich deshalb einer einseitigen Lösung mehr und mehr entzieht.

Auch Völkerrechtskonferenzen wird die Schöpfung aus dem Nichts schwerlich gelingen. Es sind Vorberatungen nötig, und die Völkerrechtswissenschaft muß der internationalen Verständigung vorarbeiten. So haben sich denn auch schon nationale Kommissionen sowie internationale Privatkonferenzen mit der Frage des Luftschiffahrtsrechts beschäftigt, und es können folgende Spezialuntersuchungen erwähnt werden:

Grünwald,

1. Das Luftschiff in völkerrechtlicher und strafrechtlicher Beziehung. 1908.
2. Der Luftraum in rechtlicher Beziehung zu den Teilen der Erde, über denen er sich befindet. (ArchOeffR. 1909 Bd. 24 Heft 2 S. 190—201.)

Meili,

1. Das Luftschiff im internen Recht und Völkerrecht. 1908.
2. Juristische Gedanken über die Eroberung der Luft und über das neue Recht der Luftschiffahrt in der Allg. Zeitung 1908 S. 392 f., 414 f., 456.

[1]) Vgl. meine „Haager Friedenskonferenz“ Bd. II S. 175 ff.

3. „Die Luft in ihrer Bedeutung für das modernste Verkehrs- und Transportrecht. (SeuffBl. Bd. 74 [1909] Nr. 1 u. 2.)[1])

4. Das Luftschiff und die Rechtswissenschaft. Vortrag abgedruckt in Bl. f. vergl. Rechtswissenschaft 1909 Nr. 8.

Außerdem nenne ich noch die Artikel von:

Hilty,

Die völkerrechtlichen Gebräuche in der atmosphärigen Zone im ArchOeffR. 1905 Bd. 19 S. 87—94.

Gareis,

Juristische Ausblicke in die Zukunft des Luftschiffahrts-Betriebs in der Beilage der Münchner Neuesten Nachrichten 1909 Nr. 39 (17. Februar) S. 321 ff.

Unter den völkerrechtlichen Hand- und Lehrbüchern ist besonders Mérignhac zu erwähnen, welcher in seinem „Traité de droit public international II. 398—410 eine Darstellung über den „domaine aérien" hat.

Wo immer sich aber eine neue völkerrechtliche Frage auftat, ging stets allen voran das Institut für internationales Recht an die Arbeit, um die Rechtslage zu klären und den Weg der Kodifikation zu weisen. So hat denn auch schon 1900 auf dem Kongreß des Instituts zu Neuchatel Paul Fauchille, der verdienstvolle Herausgeber der Revue générale de droit international public, die question des aérostats aufgeworfen und 1901 in einer von der Kritik äußerst wohlwollend aufgenommenen besonderen Schrift geprüft:

Le domaine aérien et le régime juridique des aérostats.[2])

Zu Neuchatel vom Institut mit der Berichterstattung betraut, legte Fauchille 1902 auf dem Kongreß zu Brüssel einen ausführlichen Entwurf mit Begründung vor: „régime juridique des aérostats";[3]) Nys erstattete auftragsgemäß das Korreferat.[4])

Der sehr ins Detail[5]) gehende Fauchillesche Entwurf,[6]) der den Ereignissen wohl etwas stark vorausgeeilt und auch zu formalistisch ist,[7]) umfaßt 32 mit Begründung versehene Paragraphen. Die Einleitung, welche in den Art. 1—7 über Arten, Flagge, Register, Kommandanten und Abzeichen der Luftschiffe, sowie über die internationale Mitteilungspflicht handelt, stellt am Schluß in Art. 7 das

---

[1]) Hier sind auch noch Schriften von Kloeß und Jurisch zitiert (S. 1 Anm. 2 u. 3) welche die Luftschiffe unter dem Gesichtspunkt des Gewerbe- und Polizeirechts geprüft haben. Vgl. dazu Matthias, DJZ. 1905 S. 431 ff.

[2]) Nach Scholz, der diese Schrift im ArchOeffR. Bd. 19 S. 600 f. besprach, ist dieselbe das „einzige umfassende und geradezu grundlegende Werk" über Luftschiffahrtsrecht und überhaupt „eine der bedeutsamsten Erscheinungen der neueren Völkerrechtsliteratur".

[3]) Abgedruckt im Annuaire de l'institut de droit international XIX S. 19—86.

[4]) A. a. O. S. 86—114.

[5]) Derselbe ordnete in Art. 18 sogar schon die Nationalität der Kinder, die während der Luftfahrt à bord d'un aérostat geboren werden. Ausdrücklich anerkannt von Scholz (ArchOeffR. Bd. 19 S. 602). Hier griffen aber bereits mit Gegenvorschlägen ein: Meili, Luftschiff S. 16[12], der übrigens ganz richtig diese Frage „nicht gerade als dringlich" bezeichnen möchte, und Grünwald im ArchOeffR. Bd. 24 S. 199 (unter Berücksichtigung auch der Sterbfälle im Luftschiff). Weiter wiederum Meili in BlfRA. 1909 S. 43 (unter Einbeziehung auch der Verschollenheitslehre).

[6]) Inhaltsangaben insbesondere bei Scholz und Grünwald (ArchOeffR. Bd. 19 S. 600; 24 S. 192 ff.)

[7]) Hilty S. 78.

Prinzip der Luftfreiheit fest, wobei freilich zu deren Abschwächung im Interesse des Grundstaates dem letzteren ein beschränktes Selbsterhaltungsrecht zugestanden wird. Dann folgen die zwei Hauptteile: I. Friedens-, II. Kriegszustand. Der I. Teil (Art. 8—20) beginnt mit der Darstellung der Schutzzonentheorie,[1]) wonach die volle Luftfreiheit erst von einer gewissen Höhe (1500 Meter) anfängt. und in den unteren Regionen nur ein durch die Staatsräson gefordertes droit de conservation gegeben sein soll, das nun zu umschreiben war. Demgemäß wird gehandelt von Aufstieg, Landung, Zoll, Verbrechen, Zusammenstoß und Ausweichen, während der Schlußartikel 20 die Bestimmungen über Luftlinien, Luftschiffslaternen, Luftsignale und Luftnot einem besonderen internationalen Reglement vorbehalten will.

Der II. Teil (Art. 21—28) handelt über den Luftkriegsschauplatz und will den Luftkrieg im wesentlichen dem Seekrieg gleichgestellt sehen.

Nun folgt noch ein III. oder besonderer Teil (Art. 29—32) mit Bestimmungen über Fessel- (Art. 29—30) und Registrierballons (ballons sondes Art. 31—32). Die letzteren sind unbemannte Luftschiffe, die nur mit Meßapparaten versehen sind, um Luftdruck und Temperatur der höchsten Regionen festzustellen.

Das Korreferat Nys beschäftigt sich nach eigener Feststellung hauptsächlich mit der „opinion juridique concernant les aérostats", also mit den geschichtlich hervorgetretenen Lehrmeinungen über ein Luftrecht. Wie fast alle Institutionen des Seerechts eine Ausdehnung von Landeinrichtungen auf den Seeverkehr, so sind nach Nys die Luftrechtsgebilde in der Hauptsache Uebertragungen aus dem Seerecht (S. 87). Danach folgt dem Prinzip vom „mare liberum" der Satz: „Die Luft ist frei" und der Korreferent meinte:

> „Gardons-nous de supprimer la „liberté de l'air" ou de la réduire à des minuscules proportions. Vraiment nous ne sommes que trop victimes, sur terre, de lois, de règlements, d'arrêtés de toute espèce. Craignons surtout de faire apparaître la science du droit comme l'ennemie du progrès, de faire en sorte qu'elle empêche ou vienne ralentir le développement de l'aéronautique par d'intempestives dispositions".

Von Eigentum und Souveränität ist hier gar nicht mehr erst die Rede, und selbst die Festlegung eines droit de conservation erschien Nys als unnötiger Bureaukratismus und Abschwächung des Prinzips der Luftfreiheit, das ohne jede Einschränkung gelten soll.

Beide Berichterstatter wünschten damals im Hinblick auf die zurzeit noch sehr beschränkten technischen Kenntnisse vorerst nur die Prüfung einiger Prinzipienfragen, nämlich der Art. 7, 8 und 21 „relatifs à la nature de l'air et aux droits des États sur l'atmosphère".[2])

Zu einer Beratung kam man aber überhaupt nicht.

Der Konseil des Instituts für internationales Recht gab später Fauchille einen neuen Auftrag, und demgemäß präsentierte er 1906 dem Institutskongreß zu Gent einen Entwurf mit Begründung über das „régime international de la télégraphie sans fil.",[3]) der am 22. und 24. September 1906 beraten und angenommen wurde.[4])

---

[1]) Oder auch „Schutztheorie" (Grünwald, ArchOeffR. Bd. 24 S. 191).
[2]) Vgl. Annuaire XXI S. 293 f.
[3]) Abgedruckt in Annuaire XXI S. 76—87.
[4]) A. a. O. S. 293 ff.; der beschlossene Text S. 327—329.

Fauchille stellte damals zu Beginn der Debatte fest:

„La difficulté fondamentale qui est à la base des deux sujets est celle de la nature de l'air et des droits des États sur l'atmosphère".[1])

So hat denn auch in der Tat das Institut in der Besprechung der neuen Vorlage und durch die Annahme des grundlegenden Art. 1,[2]) der aus dem Art. 7 des Luftrechtsentwurfs vom Jahre 1902 wörtlich herüber genommen war, zugleich seine grundsätzliche Stellung zum Luftschiffahrtsrecht festgelegt.

Nachdem mittlerweilen die Bestrebungen des Instituts auf dem Gebiete der Radiotelegraphie zu einem Ergebnis geführt haben, insofern uns die Berliner Konferenz von 1906 einen Funkentelegraphenvertrag bescheerte[3]) ist nur zu wünschen, daß die in Aussicht genommene Konferenz auch für die Luftschiffahrt ein, wenn auch noch nicht sofort abschließendes, so doch immerhin günstiges Resultat zeitigen möge. War doch auch der Berliner Konferenz von 1906 eine Vorkonferenz 1903 vorausgegangen!

Uebrigens sei noch bemerkt, daß auch wiederum das Institut für internationales Recht laut Mitteilung des Generalsekretariats vom 31. Januar 1909 die Luftschiffahrtsfrage auf die Tagesordnung seines nächsten Kongresses gesetzt hat, der zu Ostern 1910 in Paris stattfinden soll. Die Luftschiffahrtsfrage steht heute unbestreitbar im Vordergrund des völkerrechtlichen Interesses.

§ 1. **Die grundsätzliche Würdigung.**

Der Luftraum über dem offenen Meer macht keine Schwierigkeit: man ist darüber einig, daß beide gleichmäßig frei oder staatenlos sind. Wie soll es aber mit dem Luftraum gehalten werden, der sich über den Küstengewässern und insbesondere dem festländischen Staatsgebiet ausdehnt?

In der Not griff und greift man nach Analogien.

Die Einen stempelten das Luftmeer zu einer Art Weltmeer und behandelten die Luftschiffe als Seeschiffe. Diese Analogie, welche besonders von Nys bis in ihre letzte Konsequenz festgehalten wurde, soll „unmittelbar verstandesmäßig gegeben" sein.[4]) Daraus ergaben sich sofort zwei gewünschte Normen: 1. Die Luft ist frei für den Luftschiffahrtsverkehr, und 2. Die Luftschiffe sind schwebende Teile des Heimatstaates. Insbesondere erscheint bei dieser Auffassung der Satz von der Freiheit der Luft, der bei Einzelnen schon die Bedeutung einer „Maxime" [5]) resp. eines völkerrechtlichen Axioms erlangt hat, am besten begründet.

---

[1]) A. a. O. S. 294.

[2]) Derselbe lautete: „l'air est libre. Les États n'ont sur lui, en temps de paix et en temps de guerre, que les droits nécessaires à leur conservation."

[3]) Abgedruckt im RGBl. 1906 S. 411 ff. (Nr. 38). Der Funkentelegraphenvertrag regelt die Austauschspflicht — und zwar ohne Unterschied des funkentelegraphischen Systems — zwischen den Küsten- und Bordstationen. Außer dem Funkentelegraphenvertrag selbst ist noch zu erwähnen: das eigens unterzeichnete Zusatzabkommen, welches für die Signatarmächte die erwähnte Pflicht des Telegrammaustausches auch für die Bordstationen untereinander festlegte (a. a. O. S. 423 ff.), sowie das Schlußprotokoll (a. a. O. S. 426 ff.) und die Ausführungsübereinkunft (a. a. O. S. 433 ff.). — Der Beitritt des Deutschen Reiches zu dem von ihm ratifizierten Funkentelegraphenvertrag und Zusatzabkommen erfolgte für die Schutzgebiete durch Bek. der Reichsk. vom 5. Dezember 1908 (RGBl. S. 645).

[4]) Hilty im ArchOeffR. Bd. 19 S. 88.

[5]) Hilty a. a. O. S. 91.

Aber die Luft ist nun einmal kein Meer, der Ballon kein Schiff, und eine völlige Gleichstellung weder de lege lata gegeben noch de lege ferenda empfohlen. Die Luftsäule über einem Staate steht zu diesem in einer besonderen, natürlich gegebenen, notwendigen und ausschließlichen Beziehung, die v. Holtzendorff[1]) als „Pertinenz," Grünwald unter gleichfallsiger Betonung des Zubehörcharakters[2]) als „Teil des Grundstaates" bezeichnet hat,[3]) und die man meinetwegen noch anders benennen mag, die jedoch schon im Interesse der Staatssicherheit bei dem Ausbau des Staatsrechts praktisch nicht außer Ansatz bleiben kann. Auch Fauchille erkennt an, daß vollkommene Luftfreiheit nicht ohne Gefahr für die Sicherheit der Staaten sein würde[4]) und meldet ja gerade deshalb hier ein Selbsterhaltungsrecht an (primum vivere),[5]) das aber doch wieder viel zu kärglich bemessen[6]) und selbst in seiner Beschränkung nicht genügend begründet erscheint. Wenn wir mit Meili den „völkerrechtlichen Grundsatz"[7]) der Luftfreiheit „als neue Analogie zur Freiheit des Meeres proklamieren,"[8]) so haben wir uns der Möglichkeit beraubt, auch nur das bescheidendste Staatsrecht und Staatsinteresse, gleichgültig welcher Art, noch anmelden zu können. Man schießt aber auch über das Ziel, wenn man für die Luft den Grundsatz der Staatenlosigkeit aufstellt, nur um die „volle Souveränität"[9]) im Luftmeer in Abrede stellen zu können. Wenn wir dann aber von einem Verfechter der Luftfreiheit[10]) weiter hören, daß die völkerrechtliche Proklamierung der Freiheit der Luft den internen Staat nicht hindern könne, Normen über sein umfassendes Recht zu dekretieren, wenn anders nur die Geltendmachung möglich ist, so erscheint schon an dieser Stelle die Luftfreiheit immer mehr wie ein Lärm um Nichts. In Wirklichkeit will man dem Luftschiff ja nur die Bahn frei machen: aber das kann man auch, ohne daß gleich die ganze Luft frei gemacht werden muß.

Man ging deshalb auf die Suche nach einer anderen Analogie und stieß dabei auf das Küstenmeer[11]) oder wie es jetzt in den Beschlüssen der 2. Haager Konferenz heißt: „Küstengewässer = eaux territoriales".[12]) Damit war eine ganz besondere Beziehung der Grundstaaten zu dem betreffenden Luftraum anerkannt und wenigstens ihr sog. Selbsterhaltungsrecht in Wirklichkeit gerettet.

Aber nun wiederholte sich die alte Streitfrage: Hat der angrenzende Staat Souveränität? Bezüglich der Küstengewässer war das Institut für internationales Recht nach mehrjährigen Verhandlungen auf dem Kongreß von Paris 1894 zu der Resolution gekommen:

---

1) VR. II S. 230.

2) Luftschiff S. 37 und im ArchOeffR. Bd. 24 S. 194 ff. mit dem Beifügen: „Etwas so eng mit dem Staate verbundenes von diesem durch juristische Erwägungen zu trennen, erscheint mir gänzlich ausgeschlossen".

3) ArchOeffR. Bd. 24 S. 196.

4) Annuaire XIX S. 19.

5) Grünwald im ArchOeffR. Bd. 24 S. 192, 193.

6) So schon Corsi (Annuaire XXI S. 299).

7) Das Luftschiff S. 48.

8) A. a. O. S. 46.

9) So Meili S. 48.

10) Meili a. a. O. S. 47.

11) Vgl. insbesondere Scholz (ArchOeffR. Bd. 19 S. 601): „Meines Erachtens ist die Analogie des Küstenmeeres für die das Staatsgebiet bis zu einer gewissen Höhe bedeckende horizontale Luftschicht nicht zu umgehen".

12) Vgl. das Neutralitätsabkommen für den Seekrieg.

„L'État a un droit de souveraineté sauf le droit de passage inoffensif."

Ich stimme diesem allerdings stark angefochtenen[1]) Beschluß des Instituts vollkommen bei. Auch das Haager Neutralitätsabkommen für den Seekrieg vom Jahre 1907 nimmt in den neutralen Küstengewässern ganz wie für die Häfen und Reeden „droits souverains = Hoheitsrechte" an (Art. 1 ff.) und bezeichnet es demgemäß als eine Neutralitätsverletzung, wenn die Kriegführenden dort funkentelegraphische Stationen zu Kriegszwecken errichten (Art. 5),[2]) verneint dann aber weiter eine Neutralitätsverletzung „par le simple passage" (Art. 10). In diesem Sinn spricht auch die deutsche Telegraphennovelle von 1908 von deutschen „Hoheitsgewässern". Daß jedoch in dem Beschluß des Instituts keine Formel gefunden war, welche alle bösen Zweifel hätte bannen und alle Einwendungen hätte beseitigen können, hat die Folgezeit bewiesen.[3]) Und nun, wo es sich darum handelt, die rechtliche Stellung der Luft zu bestimmen, erneuert sich der Streit.

Fauchille hat von Anfang an den Satz vertreten, daß der Luftraum eigentums- wie herrschaftsunfähig sei und der Grundstaat in den unteren Regionen nur diejenigen Rechte habe, die für seine Selbsterhaltung notwendig seien. Scholz[4]) stimmte dem vollkommen zu. Er billigte es auch, daß Fauchille „im Gegensatz zur herrschenden Meinung dem Uferstaat am Küstenmeer kein Souveränitätsrecht, sondern nur die für die Sicherheit und den Schutz des Landesgebiets notwendigen Rechte" zugestanden hat. Und er meinte: bei dieser rechtlichen Auffassung vom Küstenmeer hätte Fauchille auch die Analogie zu dem Resultat führen können, zu dem er auf anderem Wege gelangt sei.

Grünwald dagegen unterwirft den Luftraum über dem Festland mit diesem dem „Eigentum", wogegen er über den Küstengewässern eine bloße Interessensphäre des Staates annimmt, eben dieselbe Interessensphäre, in welche nach seiner Ansicht das Küstenmeer selbst eingestellt ist.[5])

Bei der Verhandlung über Fauchilles „régime international de la télégraphie sans fil" auf dem Kongreß des Instituts zu Gent am 22. September 1906 stand die Frage im Vordergrund:

„Est-ce que l'air est complètement libre dans toutes ses parties, soit pour la navigation aérienne, soit pour la télégraphie sans fil, ou est-ce que l'air est soumis à la propriété ou à la souveraineté de l'État adjacent?"[6])

Die von Nys vertretene Luftfreiheit, welche auf eine völlige Gleichstellung von Luft- und Weltmeer hinauskam, wurde — und zwar im Interesse staatlicher Selbsterhaltung — ebenso abgewiesen, wie im Interesse der Verkehrsfreiheit die Schrankenlosigkeit des système de droit de propriété ou de souveraineté. Fauchille hatte hier ja bereits das Schlagwort des droit de conservation

[1]) Zu den Gegnern gehört auch Grünwald (Luftschiff S. 16), der in den Küstengewässern eine „beschränkte Gebietsfreiheit" (S. 17) oder eine bloße „Interessensphäre" (S. 21) annimmt.

[2]) Ueber viel weitergehende Auffassungen vgl. die Verhandlungen des Instituts im Annuaire XIX S. 316 ff.

[3]) Ich verweise nur auf die Preisschrift von Schücking („Das Küstenmeer im internationalen Rechte" 1897) sowie auf das Urteil der Göttinger Juristenfakultät, welches dahin geht, daß dem Verfasser die konsequente Durchführung des Prinzips der vollen Souveränität nicht gelungen sei. (Vgl. Vorwort).

[4]) ArchOeffR. Bd. 19 S. 601.

[5]) Luftschiff S. 30 ff., 36; ArchOeffR. Bd. 24 S. 201.

[6]) Annuaire XXI S. 294.

geprägt.[1]) Man war darin einig, daß zwei Prinzipien zu kombinieren seien: das Souveränitätsrecht resp. das droit de conservation, und die Luftfreiheit resp. das droit de passage. Man stritt nur darüber, was als Regel und was als Ausnahme zu gelten habe. Westlake wollte den Art. 1 im Sinne der ersten Alternative formuliert sehen, wobei der frühere Beschluß über das Küstenmeer (oben S. 5 f.) (185 f.) als Vorbild diente.[2]) Aber dafür waren nur 3 Stimmen, und das Institut nahm mit 14 gegen 9 Stimmen den Art. 1 in der von Fauchille vorgeschlagenen Fassung, die uns schon 1902 in Art. 7 des Luftrechtsentwurfs begegnet war, an:

„L'air est libre. Les États n'ont sur lui, en temps de paix et en temps de guerre que les droits nécessaires à leur conservation.“[3])

Es sei gleich hier bemerkt, daß Meili von der Einstellung dieses Artikels im Luftschiffahrtsvertrag die Lösung aller Schwierigkeiten erwartet.[4]) Auch Gareis erblickt in ihm einen „für die Zukunft wohl herrschend bleibenden Grundsatz“.[5])

Ich will zunächst feststellen, daß das Institut für internationales Recht durch diesen Beschluß die Analogie von Küstenmeer und Luftraum abgelehnt hat, indem es 1894 das erstere dem Souveränitäts- und nunmehr (1906) das zweite dem Freiheitsprinzip unterwarf. Es sei indes sofort gesagt: Ich kann hier nicht zustimmen, und ich bin nach wie vor überzeugt, daß Westlake das richtige getroffen hatte.

Nichtsdestoweniger meine auch ich, daß man das Luftrecht nicht einfach auf eine Analogie, auch nicht die Analogie des Küstenmeeres, stellen kann, obschon gerade diese besonders nahe liegt, sondern daß man hier alles aus sich heraus entwickeln und aufbauen muß. Im übrigen möchte ich allerdings dem zu Gent zutage getretenen Gegensatz keine allzu großen Folgen beilegen. Welches Prinzip als Regel und welches als Ausnahme zu gelten habe, ist für eine Völkerrechtskonferenz, der das Institut nur vorarbeiten wollte, um deswillen von geringer Bedeutung, weil der Gesetzgeber am besten von vornherein überhaupt darauf verzichtet, ein Prinzip förmlich festzulegen. So hat es auch die Funkentelegraphenkonferenz von 1906 gehalten, und die neue Konferenz wird gut tun, diesem Beispiel zu folgen. Prinzipien sollen in Gesetzen keine Monologe halten, sondern in konkreten Anordnungen Leben gewinnen: man soll sie fühlen, aber nicht hören. Also nur keinen Prinzipienstreit, sondern sachgemäße Versöhnung widerstreitender Forderungen![6])

---

[1]) Nach Fauchille kann der Luftraum seiner Natur nach weder dem Eigentums- noch dem Souveränitätsbegriff unterworfen werden. Derselbe ist vielmehr eine res nullius in privater und öffentlicher Hinsicht. Aber die Staaten haben Recht und Pflicht der Selbsterhaltung (Annuaire XIX, 32 ff., XXI 77 ff., 295, 299). Dieses Recht der Selbsterhaltung (de se conserver, de la conservation) gilt indes nur in den niederen Regionen und bedeutet hier lediglich einen Schutz gegen Angriffe und Spionage, sowie gegen Verletzungen der Zoll- und Gesundheitspolizei (Art. 7 des Entw. von 1902). Diese Auffassung, welche jedoch schon Corsi bei der Verhandlung für zu eng erklärt hatte (Annuaire XXI S. 299 f.), liegt auch der Meilischen Interessentheorie zugrunde (S. 46). Wenn man hier auch nicht klar sieht, ob der Ausgangspunkt der Deduktion ein staatliches Recht auf den Luftraum (so S. 46) oder die Luftfreiheit als völkerrechtliche Analogie der Meeresfreiheit ist (ebend.), auf jeden Fall leugnet Meili im Deduktionsergebnis die „volle Souveränität“ (S. 48).

[2]) Der Art. 1 sollte hiernach lauten: „L'État a un droit de souveraineté sur l'espace aérien au-dessus de son sol, sauf un droit de passage inoffensif...“ (XXI S. 299).

[3]) Annuaire XXI S. 305.

[4]) Luftschiff S. 48.

[5]) Beil. z. M. N. N. 1909 S. 312.

[6]) Dafür plaidiert ja schließlich auch Meili S. 48. Gleichzeitig aber meint er,

Die Wissenschaft freilich darf der prinzipiellen Erörterung nicht aus dem Wege gehen. Und da stehe ich nun umgekehrt auf dem Standpunkt, daß die juristische Konstruktion eines Luftschiffahrtsrechts in staatsrechtlicher Hinsicht von der Souveränität der Grundstaaten und in privatrechtlicher Hinsicht vom Eigentum der Grundbesitzer, aber in keinem Fall von der Luftfreiheit auszugehen hat.[1])

Die Luft ist eine Notwendigkeit für Grundstaat und Grundstücke. Sie gehören räumlich und herrschaftlich ebenso notwendig zusammen, wie Meer und Staat getrennt sind. Daß der Staat im Luftraum, wenigstens in nächster Nähe der Erde, beziehungsweise im Rahmen des tatsächlichen Könnens Herrschaft hat, mag man sie nun nennen wie man will, wird daher bei allen mehr oder weniger bestimmt vorausgesetzt und zugegeben.[2])

In der methodischen Würdigung der Sachlage ist daher die Souveränität der einzig feste Punkt, von dem wir ausgehen müssen, mag es sich um die praktische Rechtsgestaltung oder die juristische Konstruktion handeln.

Die eigentliche Aufgabe der Luftschiffahrtsordnung wird daher nicht dahin gehen, aus der Luftfreiheit ein Selbsterhaltungsrecht herauszuschlagen resp. das letztere zu sichern und zu umschreiben, sondern umgekehrt die Beschränkungen zu vereinbaren, denen sich die souveränen Staaten im Verkehrsinteresse unterwerfen sollen.[3])

Wir finden von der Souveränität wohl den Weg zur völkerrechtlichen Verkehrsfreiheit, würden aber vom Prinzip der Luftfreiheit niemals den Weg zum Staatsrecht finden, mag dasselbe, wie bei Fauchille, auch noch so wenig beanspruchen. Das Fauchillesche droit de conservation ist in Wahrheit nichts anderes als die Wiederaufhebung des Grundsatzes der Luftfreiheit, die Verleugnung eines selbstgeschaffenen Prinzips. Ist die Luft frei, so gibt es hier nun einmal weder ein Privat- noch ein Staatsrecht. Es fehlt dann auch die Brücke zum Selbsterhaltungsrecht, das übrigens ja doch nur ein verschämtes Souveränitätsrecht ist.

Das sog. Selbsterhaltungsrecht als ein von der Völkerrechtsgemeinschaft zugemessenes oder wenigstens garantiertes staatsrechtliches Existenzminimum ist ein schwer verständliches Ding. Sollen die Staaten abwarten müssen, was ihnen eine Völkerrechtskonferenz etwa Existenz-Notwendiges und Förderliches bescheert?

Grünwald sagt mit Recht: Ein Staat kann sich wohl im Interesse der Allgemeinheit eine Beschränkung seiner Rechte gefallen lassen, er kann aber nicht als ein Geschenk der Allgemeinheit Zugeständnisse annehmen, die in dem ihm von der Natur gegebenen umfassenderen Rechte enthalten sind.[4])

Die Völkerrechtsgeschichte enthüllt uns denn auch ein ganz anderes Entwicklungsprinzip. Danach setzt sich der heutige Völkerrechtsreichtum in der Hauptsache aus Staatsdotationen zusammen: Die Staaten haben immer und reichlich gegeben, die Völkerrechtsgemeinschaft war der empfangende Teil. Daß sie in

---

daß alle Schwierigkeit beseitigt sei, wenn die Meinung des Instituts, daß den Staaten keine volle Souveränität am zugehörigen Luftraum zukomme, zugunsten der internationalen Luftschiffahrt im Staatsvertrag Aufnahme finden würde.

[1]) Diesen Standpunkt vertreten auch v. Liszt, Völkerrecht 5. Aufl. 1907 S. 81, v. Martitz, Völkerrecht in Kultur der Gegenwart II, 8 (1906) S. 440 und Grünwald, ArchOeffR. Bd. 24 S. 196, Luftschiff S. 30.

[2]) Das stellte auch Grünwald fest (Luftschiff S. 30).

[3]) Vgl. auch Grünwald im ArchOeffR. Bd. 24 S. 197.

[4]) ArchOeffR. Bd. 24 S. 197.

ihrer Art wieder reichlich vergalt und vergilt, soll und will damit nicht geleugnet werden.

So ist denn auch die Luft nicht etwa wie das Meer von Haus aus ein von jedem Staatsrecht losgelöstes Eiland mit ursprünglicher Res nullius-Qualität; die Luftfreiheit ist auch nicht, wie Fauchille meint, die logische Folge von der Unmöglichkeit einer Herrschaftsbegründung im Luftraum, sondern nichts anderes als das Ergebnis von Zugeständnissen, welche die Staaten dem Verkehr gemacht haben und noch machen sollen. Schon wird für das vorläufige Schlußergebnis dieser Bewilligungen die Vertragsform bereitgehalten: und dann — aber auch erst dann und insofern — wird man von einer wirklich beschränkten Souveränität der Staaten im Luftraum [1]) reden können.

Die Anhänger der Theorie der Luftfreiheit wenden gegen die Souveränitätstheorie ein: „Man darf doch wahrhaftig die Ausübung der Luftschiffahrt nicht unmöglich machen".[2]) Ganz recht! Aber wir ermöglichen und erleichtern die Ausübung der Luftschiffahrt doch nicht dadurch, daß wir die positiv-rechtlichen Hindernisse, welche sich zurzeit noch auftun können, mit der absprechenden Sicherheit des Naturrechtlers einfach wegleugnen oder vor ihrer Existenz die Augen verschließen, sondern dadurch, daß wir für die Interessen der Luftschiffahrt die Gesetzgebung zu gewinnen suchen und auf diese Weise die Vernunftforderung zum Rechtsanspruch prägen.[3]) Auch in der neuesten Publikation von Meili[4]) heißt es wieder einfach: „Die Luft ist nach der bekannten Rechtstheorie frei". Dann aber muß doch auch Meili zugeben: „Man kann freilich sagen, daß dieser Satz noch nicht zum Bestandteil des positiven Völkerrechts erhoben worden sei und daß wir hier zurzeit vor einem ungelösten Problem stehen". Wenn er sich jedoch dann weiter damit tröstet, daß sich die Herausbildung dieses Satzes augenblicklich unter unseren Augen vollzieht, so erwartet er damit doch wohl auch nur die schöpferische Tat der Konvention.

Für die Luftschiffahrt gilt zunächst alles, was für den Eintritt in ein fremdes Staatsgebiet Rechtens ist. Man hatte im internationalen Verkehr von seiten der Staaten von jeher mit Hindernissen zu rechnen, deren Ueberwindung zunächst in rein tatsächlicher und dabei ungleicher Art, dann in einer mehr oder weniger übereinstimmenden festen Uebung und schließlich durch Staatsverträge erfolgte. So wird jetzt auch die sog. Luftfreiheit zum Zweck des Luftschiffahrtsverkehrs von dem Staate als wirkliches Recht erst zugestanden werden müssen und sicherlich auch zugestanden werden, ähnlich wie die Staaten für die Schiffe auf internationalen Strömen schließlich die Handelsfreiheit proklamierten, und damit ihre Gebietshoheit wohl belasteten aber weder zerstörten noch entwerteten. Die Entwicklung führt also vom Staats- zum Völkerrecht, nicht umgekehrt; und dieses Prinzip erweist sich dann auch im geltenden Recht als tragfähig: Danach gibt es eine Luftfreiheit nur in der Form staatsrechtlicher Zugeständ-

---

[1]) Meili S. 48.

[2]) So z. B. Meili, Luftschiff S. 28.

[3]) Ich unterschreibe de lege ferenda, was Grünwald im ArchOeffR. Bd. 24 S. 196 gesagt hat: „Wenn aber ein Staat, der sein Landgebiet ohne völkerrechtlich anerkannte Gründe gegen andere Staaten abschließt, sich selbst außer Verkehr setzt und sich selbst damit des Rechtes beraubt, die Segnungen des Völkerrechts für sich in Anspruch zu nehmen, so darf auch der Staat sein Raumgebiet dem internationalen Verkehr ohne Grund nicht verschließen, er muß vielmehr den Luftfahrzeugen anderer Nationen das droit de passage inoffensif zugestehen".

[4]) BlfRA. 1909 S. 8.

nisse, die man zu beweisen hat, während für die Souveränität die Vermutung streitet. Damit hat man also auch später in der Praxis einen festen Boden unter den Füßen, und gleichzeitig ist Art und Weise der Weiterentwicklung gekennzeichnet.

Es hat sich übrigens noch eine andere Streitfrage aus dem Recht der Küstengewässer wiederholt. Der Frage: wieweit reicht das Küstenmeer ist schon die andere gefolgt: Von wo beginnt die Luftfreiheit?

Beim Küstenmeer haben es die einen nach dem Beispiel von Bartolus[1]) und Bodinus[2]) mit einer ziffermäßigen Abgrenzung versucht, und kamen dabei neuerlich zur sog. Dreimeilengrenze, während andere im Geiste von Hugo Grotius mit Bynkershoek sagten: „potestas terrae finitur ubi finitur armorum vis". Das Institut hat sich nach mehrjähriger Arbeit auf dem Kongreß von Paris 1894, soweit es sich um die Friedenszeit handelt, für die erste Theorie und zwar für 6 Seemeilen entschieden,[3]) während für die Kriegszeiten der neutrale Uferstaat ermächtigt wurde, in der Form der Neutralitätserklärung oder notification spéciale seine Neutralitätszone über diese 6-Meilengrenze hinaus bis zur vollen Kanonenschußweite auszudehnen.[4])

Staatsgesetze und Spezialverträge haben bei dieser Unbestimmtheit und Unsicherheit schon längst nachzuhelfen versucht, und 1895 wollte Holland in Anlehnung an die Beschlüsse des Instituts eine einheitliche internationale Regelung herbeiführen. Noch ist die Küstenmeerfrage ungelöst, und schon haben wir den Luftzonenstreit.

Für das Luftrecht wollten, worauf schon Nys[5]) hinwies, Bluntschli (§ 632 a) und Rivier (§ 14 II) die portée de canon entscheiden lassen, während andere der ziffermäßigen Festlegung das Wort reden. v. Holtzendorff noch sprach sich 1887 für 1000 Meter aus;[6]) Rolland wollte 1906 im Hinblick auf die Höhe des Eiffelturmes auf 330 Meter zurückgehen,[7]) während Fauchille für die Friedenszeit 1500 Meter vorschlug,[8]) weil Spionage, die größte von der Luftschiffahrt drohende Gefahr, durch Photographie vom höheren Luftraum aus nicht mehr möglich sei. Nur für die Kriegszeit sah Fauchille in Art. 21 und 22 von einer Höhenbegrenzung der Schutzzone ab. v. Bar dagegen meinte, bis zur Höhe von etwa 50 oder 60 Meter sei die Luft soumis à l'autorité territoriale; aux grandes hauteurs l'air échappe à toute autorité; dans l'intervalle existe une zone, sur laquelle il est actuellement difficile de prendre parti.[9])

---

[1]) 100 Meilen.
[2]) 60 Meilen.
[3]) Art. II.
[4]) Art. IV.
[5]) Annuaire XIX S. 105.
[6]) Völkerrecht II S. 230.
[7]) La télégraphie sans fil et le droit des gens (Revue 1906 S. 65 ff.). Dagegen Fauchille (Annuaire XXI S. 79).
[8]) Annuaire XXI (1907) S. 296 in Verbindung mit XIX (1902) S. 34, 35. Vorkehrungen gegen die Hertzschen Wellen und damit den Kampf gegen die Funkentelegraphie wollte Fauchille allerdings den Staaten freigegeben haben „aussi haut qu'il sera utile" (Art. 4 des Entw. eines Funkentelegraphenvertrags XXI S. 82; in dem vom Institut genehmigten Entwurf ist es Art. 3). Aber die elektrischen Wellen, um die es sich hier handelt, gehören eben verhältnismäßig niedrigen Regionen an.
[9]) Annuaire XXI (1907) S. 304.

Auch Gareis[1]) nimmt den Unterschied einer nationalisierten unteren und einer entnationalisierten oberen Luftschichte zum Ausgangspunkte seiner Ausführungen. Die zahlenmäßige Grenzfixierung hat nach ihm zwar „ihre Bedenken", und er möchte sich am liebsten lediglich auf den Art. 1 des Genter Funkentelegraphenentwurfs zurückziehen.

Ich kann keiner von diesen Theorien beistimmen. Die Annahme einer zone de protection ou d'isolement, in welcher nur die öffentlichen Luftschiffe des eigenen Staates Bewegungsfreiheit genießen, im übrigen aber die Luftschiffahrt prinzipiell verboten resp. nur bei Erfüllung bestimmter Aufstiegs- und Landungspflichten erlaubt, und oberhalb welcher jede Einflußsphäre des angrenzenden Staates verneint wird, würde, selbst wenn diese Linienzeichnung für das wirkliche Rechtsleben fest und erkennbar durchführbar wäre, [2]) weder der Luftschiffahrt noch dem Staatsinteresse gerecht. Die Luftschiffe brauchen, worauf auch Nys hingewiesen hat, [3]) gerade den niederen Luftraum, und Fauchille sieht sich ja auch genötigt, in den Art. 10—12 seines Luftschiffahrtsentwurfs wenigstens Ausnahmen zur Ermöglichung des Aufstiegs und der Landung vorzusehen, die dann aber dem von ihm aufgestellten Grundsatz erheblichen Abbruch tun, ohne doch alle Bedürfnisse der Luftschiffahrt zu decken. Was sodann die staatliche Interessensphäre betrifft, so handelt es sich zugestandenermaßen aber auch nicht allein um den Schutz gegen Spionage,[4]) die zudem noch von einer größeren Höhe aus betrieben werden kann, und erst recht nicht allein um den Schutz gegen das Photographieren durch Spione. Auch die Kanonenschußtheorie hat einen richtigen Grundgedanken, der hier hineinspielt. Soweit die Machtmittel des Grundstaates, insbesondere seine Steilschüsse[5]) gehen, kann er seine Herrschaft geltend machen und können derselben keine papierenen Grenzen gezogen werden. Die Steilschüsse gehen aber weit über die üblichen Luftverkehrsstraßen hinaus. Die neuesten Kruppschen Ballon-Abwehrkanonen erreichen eine Steighöhe von 5500, 7400 und 11 500 Meter. Und der Einwendung, daß eine enge schachbrettförmige Aufstellung von Kanonen auf dem Staatsgebiet praktisch nicht in Betracht komme und somit die Beherrschung des ganzen zugehörigen Luftraums nicht durchführbar sei, hat schon Scholz[6]) die Frage entgegengestellt: Sollte vom Standpunkt der Kanonenschußtheorie nicht die bloße Möglichkeit der Beherrschung durch die Kanonen genügen? Im übrigen verweise ich in dieser Hinsicht auf meinen § 5.

Die Zonentheorie ist der anfechtbarste Punkt des Fauchilleschen Entwurfs. Hilty erklärte denn auch kurz: Die Territorialhoheit reicht so weit als die Macht.[7]) Auch Meili, der sonst Fauchille große Zugeständnisse macht und dessen Entwurf am Schluß sogar abdruckt, hat sich bereits dagegen ausgesprochen, daß eine Präzisierung der Staats- und Privatinteressen ziffermäßig oder durch

---

[1]) Beil. d. M. N. N. 1909 Nr. 39 S. 322.

[2]) Auf dieses Bedenken weist auch Grünwald hin (S. 30).

[3]) Annuaire XIX S. 107.

[4]) Nys erklärte übrigens die Spionagefurcht für übertrieben und die darauf gegründete Einflußsphäre des Grundstaates für unberechtigt (Annuaire XIX S. 106).

[5]) v. Holtzendorff, VR. 1887 II S. 230 und Rivier, Lehrb. 1889 S. 123 kannten dieselben noch nicht. Daher die für heute befremdliche Beschränkung auf die Schußweite der Handfeuerwaffen, die übrigens bei uns schon eine Flughöhe von 2300 Meter erreichen.

[6]) ArchOeffR. Bd. 19 S. 601.

[7]) ArchOeffR. Bd. 19 S. 92. Des weiteren ist Hilty ein Anhänger der Kanonenschußtheorie und hält es für angemessen, „keine Zahl zu fixieren".

Abgrenzung von Luftzonen erfolgt. Er verlangt, daß das private Interesse des Eigentümers und das öffentliche Interesse des Grundstaates so hoch geht, wie die Möglichkeit der Geltendmachung.[1])

Insoweit das eine Absage an die Fauchilleschen Zahlentheorie ist, kann man ohne weiteres zustimmen; im übrigen aber wird man weiter gehen müssen. Nach Meili schwindet mit der Möglichkeit der Geltendmachung von Interessen unter allen Umständen auch das Recht.

Ebenso meint Hilty: Jenseits der Machtzone, die er den internationalen Raum nennt, „kann weder Gewaltbetätigung noch Berufung auf Völkersitte und -Gebräuche, den Aeronaut, offizieller oder offiziöser Gattung, hindern, mit vervollkommneten Instrumenten Beobachtungen zu machen, selbst zum beabsichtigten Nachteil des untenliegenden Landes".[2]) Soll indes die Luft nicht bloß Macht- sondern auch Schutzzone sein, so ist diese Auffassung unannehmbar. Ich stehe, wie bereits ausgeführt wurde, auf dem Standpunkt von Westlake, der bei den Verhandlungen des Instituts in Gent 1906 für die Luft schlechthin Souveränität angenommen hat. Dieser meinte nun: Je mehr man sich von der Küste in das Meer hinaus entfernt, desto weniger kann man die Uferbevölkerung stören. Je höher man sich aber in die Luft erhebt, desto nachhaltiger wirkt der Auswurf aus dem Ballon auf der Erde.[3]) Auf jeden Fall kann man dem Schlußsatze der Westlakeschen Ausführung zustimmen:

„Le droit de l'État adjacent demeure le même à quelque distance que ce soit."

Es ist sicher, daß der Schutzanspruch gegen das Auswerfen mit der Höhe weder aufhört noch geringer oder anders wird. Liszt hat denn auch gerade aus dieser Schutzerwägung heraus die „unumschränkte Anerkennung der Gebietshoheit" verlangt.[4]) Auf keinen Fall kann man den Charakter der Rechtsverletzung davon abhängig machen, in welcher Höhe sie begangen worden ist.

Fauchille sagt: „Être souverain, c'est commander en mître, c'est avoir une autorité absolue"; aber auch bei der Annahme einer reinen Machtzone, die natürlich nicht erst durch Okkupation begründet zu werden braucht, wird man trotz der tatsächlichen Begrenztheit der Macht und Möglichkeit der Geltendmachung nichtsdestoweniger doch besser, und sicherlich ohne jeden Schaden, im Prinzip die Unbegrenztheit gelten lassen dürfen.

Zwar können in den fernsten Lufträumen keine staatlichen Machtmittel mehr wirken. Wenn dort aber überhaupt niemand mehr leben und einwirken kann, so scheiden ja solche Höhen für die rechtliche Beurteilung vollständig aus, und die Frage der Eigentums- wie Herrschaftsfähigkeit wird insoweit und insolange gegenstandslos. Dann hat die Rechtsbejahung wenigstens auch nichts gegen sich; sie gewährt jedoch — und darin liegt ihre positive Rechtfertigung — zugleich den unschätzbaren Vorteil, daß bei jeder neu auftretenden Möglichkeit der Konkurrenz und Gegenwirkung der Rechtstitel für die Herrschaftsausübung, der nun einmal nach der ganzen Sachlage von ursprünglicher Art sein muß, vorhanden ist. Denn, wie Grünwald mit Recht betont, „das aber kann keinem Zweifel unterliegen, daß, wenn überhaupt in den höchsten für Menschen erreichbaren Teilen eine Macht ausgeübt werden sollte, diese Machtausübung allein

---

[1]) Luftschiff S. 27. Drahtlose Telegraphie S. 48, 56. Aehnlich Grünwald S. 34 f.

[2]) ArchOeffR. Bd. 19 S. 92.

[3]) Annuaire XXI S. 298. Vgl. auch Grünwald, Luftschiff S. 27 f. und im ArchOeffR. Bd. 24 S. 196.

[4]) Völkerrecht 5. Aufl. 1907 S. 81.

bei dem Grundstaate stehen würde, der allein eine Verbindung mit seinem so weit in den Raum hineingesandten Luftschiff aufrecht erhalten kann".[1])

So versagt also in der Tat die Analogie des Küstenmeeres.[2]) Das Luftschiffahrtsrecht will mit seinen eigenen Ideen ausgebaut werden.

Man hat auszugehen von der Souveränität der Grundstaaten. Aber es ist eine Souveränitätsbeschränkung der Grundstaaten und eine Eigentumsbeschränkung der Grundeigentümer mit der Wirkung erforderlich, daß die Luftschiffahrt freie Bahn findet. Die Interessen der Eigentümer und Grundstaaten an ihrem Luftraum dürfen nicht übertrieben, aber auch nicht geopfert, sondern müssen mit den Erfordernissen der Verkehrsfreiheit versöhnt werden. Etwas anderes wollen allerdings auch Fauchille, Meili und Gareis nicht,[3]) so daß schließlich der Streit, was ich mit Vergnügen feststelle, seine Schärfe verliert.

Die Kodifikationsarbeit der bevorstehenden Konferenz wird somit darauf hinauslaufen, eine Anzahl konkreter Bestimmungen zu treffen, die das Ergebnis der vernünftigen Würdigung aller in Betracht kommenden Forderungen und Interessen des Privat-, Staats-, Straf- und Kriegsrecht sind, die aufrecht erhalten werden müssen resp. verwirklicht werden können, wenn auch im übrigen die Luft den Luftschiffern freigegeben werden soll und demgemäß ganz bestimmte Schranken der Souveränität der Grundstaaten sowie des Eigentums der Grundeigentümer notwendig werden.

§ 2. Die privatrechtliche Würdigung.

Ich will vom BGB. ausgehen. Man wird sofort sehen, daß hier die Richtigkeit meiner grundsätzlichen Anschauung vollauf bestätigt wird und daß die Ausdehnung eines Eigentums in den Luftraum hinauf den Interessen der Luftschiffahrt nicht hinderlich zu sein braucht.

BGB. § 905 bestimmt:

„Das Recht des Eigentümers eines Grundstücks erstreckt sich auf den Raum über der Oberfläche und auf den Erdkörper unter der Oberfläche.

Der Eigentümer kann jedoch Einwirkungen nicht verbieten, die in solcher Höhe oder Tiefe vorgenommen werden, daß er an der Ausschließung kein Interesse hat."

Mit dem 1. Satz ist das BGB. der auch von Westlake[4]) angerufenen Lehre des römischen Rechts gefolgt „cuius est solum, eius est usque ad coelum".[5])

Der erste Entwurf des BGB. hatte überhaupt nur diesen Satz (§ 849), der, wie Planck[6]) treffend betont, durch die Pandektenwissenschaft gestützt und von allen neueren Gesetzbüchern übernommen worden war.[7]) Die I. Kommission ging noch davon aus, daß, wenn für den Eigentümer der Machtbereich menschlicher Tätigkeit aufhöre, für andere Personen wohl auch der praktische Wert einer Eigentumsbeschränkung nicht mehr gegeben sei. Die Kommission hielt es danach

---

[1]) Luftschiff S. 31, ähnlich ArchOeffR. Bd. 24 S. 195.

[2]) Grünwald S. 28.

[3]) Vgl. insbesondere Meili S. 48 und den dort zitierten Mérignhac; Gareis in der Beil. d. M. N. N. 1909 S. 322 ff.

[4]) Annuaire XXI S. 298.

[5]) In Anlehung an l. 22 § 4 D 43, 24: „non solum is locus .... sed omne etiam supra id coelum".

[6]) Komm. z. BGB. zu § 905 Ziff. 1.

[7]) Preuß. ALR. I 8 §§ 26, 65, 123, 132, 141; code civil Art. 552, sächs. GB. § 218, österr. GB. § 297 usw.

nicht für veranlaßt, das ausschließliche Recht des Eigentümers da aufhören zu lassen, wo das Interesse an einer ausschließlichen Herrschaft aufhöre.[1]) Man hatte übrigens ja auch das Schikaneverbot[2]) sowie eine ganze Anzahl gesetzlicher Eigentumsbeschränkungen, die sich weiter ausdehnen ließen.

Aber die II. Kommission dachte anders. Ihr ist es zu danken, daß der 2. Satz des heutigen § 905 eingestellt wurde. Man sagte sich, daß die Entwicklung des modernen Verkehrs und der Technik eine immer weitergehende Benützung des Luftraums notwendig mache und die Rechtsprechung eines sicheren Anhalts bedürfe, um nicht unangemessene Folgerungen aus der Erstreckung des Eigentums in die Höhe zu ziehen.[3]) Der 2. Satz des § 905 schlägt daher für die Luftschiffahrt die Privatrechtsbrücke.

Der Eigentümer kann nach BGB. § 903 mit seiner Sache „nach Belieben verfahren". Das wird freilich ohne weiteres gegenstandslos, wenn das Belieben an der physischen Unmöglichkeit abprallt. Aber der Eigentümer kann nach § 903 auch „andere von jeder Einwirkung ausschließen". Und da setzt nun der 2. Satz des § 905 ein.

Der Eigentümer des Grundstücks hat hiernach, trotz seines Eigentums auch an der zugehörigen Luftsäule, doch gegen die Luftschiffahrt keinen Einspruch, da er an der Ausschließung der Luftschiffahrt aus seinem Luftraum kein Interesse hat.

Die von Fauchille nachdrücklich und wiederholt vertretene Theorie, daß sich der Luftraum seiner Natur nach der Privatisierung entziehe, d. h. daß sich das Recht des Grundeigentümers nicht in den Luftraum über der Oberfläche erstrecken könne, ist somit durch das positive Recht Deutschlands widerlegt. Und trotzdem ist hier die Luftschiffahrt keinem Verbot des Eigentümers ausgesetzt, sondern findet freie Bahn, weil sie in solcher Höhe erfolgt, daß der Eigentümer zu einem solchen Verbot nicht mehr legitimiert erscheinen kann. Das Eigentum des Grundbesitzers weicht somit dem Interesse der Luftschiffahrt.

Uebrigens hat das schweizerische Zivilgesetzbuch im § 667 eine ähnliche Bestimmung:

> „Das Eigentum an Grund und Boden erstreckt sich nach oben und unten auf den Luftraum und das Erdreich, soweit für die Ausübung des Eigentums ein Interesse besteht".

Beide Rechte sichern im Prinzip in privatrechtlicher Hinsicht freie Luftschiffahrt, weil wegen der Höhe der Luftschiffahrt das Interesse des Grundeigentümers nicht mehr berührt wird und ein Einspruch desselben somit nicht mehr begründet erscheint. Ein juristischer Unterschied besteht nur in der Richtung, daß das schweizerische Recht für die Luftschiffahrtshöhe schon gar kein Eigentum mehr annimmt, während nach deutschem Recht der Grundeigentümer in jeder Lufthöhe noch Eigentümer bleibt, aber beim Fehlen eines besonderen Interesses Eigentümer-Verbote in der Höhe nicht erlassen kann.

Ob ein Interesse gegeben sei, ist Tatfrage. Aber die Beweislast trifft nach BGB. nicht den Eigentümer, dem vielmehr die Regel des ersten Satzes in § 905 zur Seite steht.[4]) Das „Märchen von der Luftsäule"[5]) hat somit auch für die Realisten einen höchst vernünftigen Wortsinn. Tritt irgend ein

---

[1]) Motive III S. 264.
[2]) Jetzt § 226.
[3]) Planck, Komm. z. BGB. zu § 905.
[4]) Vgl. die Komm. von Planck und Achilles, Komm. z. BGB. § 905.
[5]) Monich, IheringsJ. Bd. 38 S. 155 f.

neues Eigentumsinteresse in die Erscheinung, so kann der Eigentümer seine Berücksichtigung verlangen;[1]) ohne ein solches Interesse freilich soll der Grundeigentümer in der Luft nichts zu sagen haben. Trotz eines Eigentums, das sich in den Luftraum hinauf erstreckt, wird deshalb doch die Luftschiffahrt frei.

Man sieht hier ganz deutlich, daß die privatrechtliche Freiheit der Luftschiffahrt nicht etwa die Folge einer ursprünglichen Eigentums-Unfähigkeit des Luftraums ist, sondern daß sie sich mit dem Eigentum an der Luftsäule sehr wohl verträgt, wenn dabei nur eine vernünftige Eigentumsbeschränkung festgelegt wird. Das deutsche Recht ist die bestimmteste Absage gegenüber der Fauchilleschen Theorie.[2]) Man wird aber schwerlich behaupten wollen, daß die internationalen Bedürfnisse privatrechtlicher Art nicht durch das BGB. vollkommen gedeckt wären.

Ich habe im Vorstehenden immer vorausgesetzt, daß die Luftschiffahrt in Wahrheit sich in so hohen Regionen abspielt, daß das Interesse des Grundeigentümers wirklich nicht mehr berührt wird. Dadurch wird dann die Luftschiffahrt frei.[3]) Das trifft nun aber auch noch für die verhältnismäßig niedrig gehenden Zeppelins zu. Nur durch Aufstieg und Landung können die Eigentumsinteressen gestört werden. Hier wird aber auch nichts anderes übrig bleiben, als eigene „Aufflugstätten" zu erwerben, resp. durch die Begründung dinglicher oder persönlicher Rechte den Auf- und Abstieg gegen den Einspruch des Eigentums sicher zu stellen. Andernfalls hat der Eigentümer gegenüber einer beabsichtigten Landung das Recht der Notwehr (BGB. § 227) sowie nach der Landung Anspruch auf den durch dieselbe entstandenen Schaden (BGB. § 823).[4]) Umgekehrt steht freilich auch dem Luftschiffer, der zu landen gezwungen ist — allerdings nicht auch der freiwilligen Landung —, die Notstandsbestimmung des BGB. § 904 zur Seite, welche indes auch für diesen Fall die Schadensersatzleistung vorgesehen hat.[5])

Die bloße Möglichkeit, daß durch Auswurf und Absturz Schaden entsteht, ist kein Interesse im Sinne des BGB. § 905, gibt also dem Eigentümer noch kein Recht, die Luftschiffahrt über seinem Grundstück zu verbieten.[6]) Wohl aber hat er Anspruch auf Schadensersatz. Was zunächst den Auswurf betrifft, so greift da BGB. § 823 ein, und der hier bereitgestellte Schutz beschränkt sich nicht auf das Grundeigentum; sondern auch Leben, Gesundheit, Freiheit und

---

[1]) Vgl. oben S. 12 (192).

[2]) Fauchille (Annuaire XIX S. 32) leugnet das Eigentum, weil man die Luft nicht okkupieren könne. Aber die Luft teilt einfach das Schicksal des Grundstücks.

[3]) Auch Planck, Komm. z. BGB. § 905 Ziff. 4a meint: „Den Flug eines Luftballons kann der Eigentümer eines Grundstücks, über dessen Oberfläche derselbe in schwindelnder Höhe hinweggeht, an sich nicht verbieten." Aehnlich Gareis (Beil. d. M. N. N. 1909 S. 323).

[4]) Vgl. hierzu wie zu dem folgenden Kipp, „Luftschiffahrt und Grundeigentum" in der „Juristischen Wochenschrift" 1908 Jahrg. 37 2. November Nr. 19 S. 643 ff.

[5]) Gareis (Beil. d. M. N. N. 1909 S. 324).

[6]) Planck freilich meint: „Wenn jedoch Ballast aus dem Ballon geworfen und hierdurch das Grundstück beschädigt oder dessen Bewohner belästigt werden, so darf man ein Interesse des Eigentümers an der Ausschließung dieser Einwirkung kaum verneinen." (Komm. z. BGB. zu § 905 Ziff. 4a). Dem könnte man wohl zustimmen, wenn das Handlungen wären, die ein bestimmtes Grundstück mit einer gewissen Regelmäßigkeit erwarten kann. Das ist aber nicht der Fall. Vielmehr sind das ausgesprochene Notstandshandlungen, welche gegebenen Falles immer wieder andere Grundstücke in ihren Bereich ziehen.

alle anderen Rechte sind Schutzgüter des § 823, der für jede widerrechtliche Verletzung, gleichgültig, wem sie zugefügt wird, die Schadensersatzpflicht begründet. Zwar kann auch hier wiederum nach BGB. § 904 der Notstand des Luftschiffers, wenn er nämlich zur Abwendung einer gegenwärtigen Gefahr Ballast auswirft, und wenn der ihm selbst drohende Schaden gegenüber dem Auswurfsschaden unverhältnismäßig groß ist, die Widerrechtlichkeit aufheben; aber die Schadensersatzpflicht bleibt bestehen.

Es können weiter auch die fundrechtlichen Bestimmungen des BGB. §§ 965 ff. eine Rolle spielen.[1]) Soweit aber eine Bergung und Hilfeleistung in Frage kommt, wird die Konferenz zu erwägen haben, ob nicht Bestimmungen nach Art des HGB. §§ 740 ff. vorgesehen werden sollen.

Die Schadensersatzpflicht des BGB. § 823 hat zwar Vorsatz oder Fahrlässigkeit zur Voraussetzung. Wird aber schließlich ohne erweisliches Verschulden, z. B. im Falle des Absturzes, ein Schaden angerichtet, so wird man nichtsdestoweniger doch noch eine Pflicht zum Schadensersatz anzunehmen haben, und zwar aus demselben Grund, aus dem nach fester Gerichtspraxis die Eisenbahn für Funkenschaden haftet.[2]) Denn auch im Hinblick auf § 905, der es dem Grundeigentümer unmöglich macht, die Luftschiffahrt über seinem Grundstück zu verbieten, muß man mit dem Reichsgericht[3]) sagen:

> „Ist aber dem Eigentümer im Einzelfalle das so wesentliche Recht, Eingriffe in sein Eigentum abzuwehren, entzogen, so muß ihm notwendig hierfür anderweitiger, ausreichender Ersatz gegeben sein, und solcher Ersatz kann nur in Gewährung der durch Verschuldensnachweis nicht bedingten Klage auf Erstattung des angerichteten Schadens gefunden werden."

Ich stimme Kipp[4]) vollkommen bei. Nur so kann der § 905 verstanden werden: „Müßte der Grundeigentümer die Gefahren tragen, die die Luftschiffahrt für ihn mit sich bringt, so müßte er die Kreuzung seiner Grundstücke verbieten können; denn er hätte ein starkes Interesse daran, sie auszuschließen. Soll er sie dulden müssen, weil sie sein Interesse nicht berührt, so muß anerkannt werden, daß der Luftschiffer ihm für allen Schaden verantwortlich ist. Ein Gesetz des Sinnes: Die Luftschiffahrt in großer Höhe muß der Grundeigentümer dulden, weil sie sein Interesse nicht kränkt, aber wenn das Luftschiff aus 1000 Meter Höhe herabstürzt und alles zerschmettert, so ist der Schaden sein, ein solches Gesetz wäre der Gipfel des Unsinns."

Das bedeutet aber nur einen sachlichen Schutz des Eigentümers.

Zum Schutz von Leib und Leben besteht nun wenigstens für die Eisenbahnen nach dem RG. vom 7. Juni 1871 eine vom Verschuldungsprinzip losgelöste gesetzliche Haftpflicht. Und doch ist auch mit dem Luftschiffahrtsbetrieb eine spezifische Gefahr verbunden. Für eine besondere Gefährdungshaftung nach dem Veranlassungsprinzip, die nur bei höherer Gewalt[5]) und bei eigenem Verschulden des Getöteten oder Verletzten versagt, läßt sich auch hier manches anführen.[6]) Ferner wäre zu prüfen, ob nicht auch aus dem Automobilhaft-

---

[1]) Gareis (Beil. d. M. N. N. 1909 S. 324).

[2]) Kipp a. a. O. S. 644.

[3]) Entsch. vom 11. Mai 1904 (Bd. 58 S. 130 ff.).

[4]) A. a. O. S. 645.

[5]) Sturm und Wetter sind indes hier keine außerhalb des Betriebskreises liegenden Ereignisse. Zählt aber nicht wenigstens Blitzschlag hierher? Meili (S. 31) sagt: ja. Vermutlich, so meint er in den BlfRA. 1909 S. 44, ist im Rechte der Luftschiffahrt der Begriff der höheren Gewalt „einer gründlichen Wandlung zu unterziehen".

[6]) Vgl. Meili S. 31.

pflichtsgesetz, dessen Entwurf bereits dem Reichstag zugegangen ist, Bestimmungen zur Uebertragung auf das Luftschiffahrtsunternehmen geeignet erscheinen.[1])

Einen Punkt daraus habe ich bereits befürwortet: die primäre Haftung des Halters oder Unternehmers, d. h. also des Mannes, der das Fahrzeug auf eigene Rechnung oder mit dem äußeren Anschein des Herrn in Gebrauch hat. Der Führer, der neben dem Halter haftet, hat zu beweisen, daß der Schaden nicht durch sein Verschulden entstanden ist. Das Verschuldungsprinzip ist beim Halter dahin erweitert, daß die Haftung auch eintritt, wenn sie auf fehlerhafter Beschaffenheit des Fahrzeugs oder Versagen seiner Vorrichtungen zurückzuführen ist. Das bedeutet einen neuen Versuch, mittelst Haftungrechts auf die Betriebssicherheit hinzuwirken, der sich bei den Luftfahrzeugen vielleicht zur Wiederholung eignet. Auch hier könnte man weiterhin durch Festsetzung von Haftungs-Höchstbeträgen die praktische Durchführung zu erleichtern suchen, indem so insbesondere der Versicherung der Weg geebnet wird. Ob man dann zum Schutz der Entschädigungsberechtigten einen Versicherungszwang oder die primäre Haftpflicht einer Zwangsgenossenschaft der Luftschiffahrtsunternehmer einführen will, kann erst später erwogen werden. Hier müßte man erst aus dem entwickelteren Automobilwesen Erfahrungen zu gewinnen suchen. Uebrigens lese ich gerade im Moment, wo mein Manuskript in die Druckerei abgehen soll in der Zeitung,[2]) daß der Kaiserliche Automobilklub und der Deutsche Aeroklub in den Deutschen Luftschifferbund eingetreten sind, um in Zukunft gemeinschaftlich die Angelegenheiten der Motor- und Luftschiffahrt zu betreiben.

Die Frage nach der Einführung einer Lufthaverei und ihre Angleichung ans Seerecht,[3]) sowie die Frage der pfand- und exekutionsrechtlichen Sonderstellung[4]) und der Versicherung[5]) wird mit der Entwicklung eines eigentlichen Luftverkehrs später gleichfalls geregelt werden müssen. Wenn das Luftschiff eine reguläre Verkehrsanstalt für den Transport von Personen und Waren geworden ist, was Meili allerdings schon binnen kurzer Zeit erwartet,[6]) wird die Notwendigkeit gegeben sein, auch ein besonderes Lufttransportrecht zu entwickeln.[7])

Abgesehen von der Haftungsfrage, die bei der Luftschiffahrt unmöglich nur einfach auf das Verschuldungsprinzip gestellt werden kann, dürften die Bestimmungen des deutschen BGB. in der Hauptsache zurzeit für die Interessen der Luftschiffahrt noch ausreichen. Das Bürgerliche Recht mag in anderen Staaten anders aufgebaut sein: die Hauptsache bei der privatrechtlichen Würdigung ist und bleibt, daß die widerstreitenden Interessen praktisch versöhnt werden.[8]) Das internationale Bedürfnis ist gedeckt, wenn die Erstreckung des Eigentums in den Luftraum hinauf kein Hindernis für die Luftschiffahrt wird, aber anderenteils auch unter besonderer Schonung der Interessen der Eigentümer das Luftschiffahrtsunternehmen für jeden Schaden aufkommt, der durch die Luftschiffahrt verursacht wird.

---

1) Hilty will wenigstens die Sportballons überhaupt wie Automobile behandelt sehen (ArchOeffR. Bd 19 S. 91).

2) Münchener N. N. 23. Febr. 1909.

3) Meili, Luftschiff S. 30, 32, BlfRA. 1909 S. 42.

4) Meili, Luftschiff S. 35. Vgl. HGB. § 755 ff., ZPO. §§ 864 f., 870, 885, 904 Ziff. 3, 931, 988.

5) Für die Seeschiffe vgl. HGB. § 778 ff.

6) BlfRA. 1909 S. 42.

7) Vorbild: HGB. §§ 556 ff., 664 ff. resp. §§ 453 ff.

8) Eine solche Versöhnung war auch bei den Telegraphenanlagen notwendig und vollzieht sich hier nach Maßgabe des RG. vom 18. Dezember 1899 (RGBl. S. 705).

§ 3. Die staatsrechtliche Würdigung.

Grünwald will den Grundsatz des BGB. § 905 einfach auch auf die Gesamtheit der Grundstücke des Staates resp. das Staatsgebiet angewandt sehen und konstruiert so ein allerdings durch die Interessen anderer Staaten modifiziertes Eigentumsrecht des Staates an seinem Luftraum.[1]) In diesem Sinne verteidigt er dann seine „Eigentumstheorie“ gegen die Fauchillesche „Schutztheorie“.[2]) Aber die erwähnte Addierung ist ein Sprung vom Privatrecht ins Staatsrecht, den man nicht mitmachen kann. Die Summe der einzelnen Privatrechte ergibt noch kein Staatsrecht;[3]) und das staatsrechtliche Interesse bei der Gebietshoheit hat einen ganz anderen Inhalt, ist von ganz anderer Art und Größe als das privatrechtliche Interesse beim Grundeigentum.[4])

Unter voller Berücksichtigung des Unterschiedes von öffentlichem und Privatrecht kann man es nun aber trotzdem, wenn Völkerrecht geschaffen werden soll, von der Staatsgewalt als selbstverständlich verlangen, daß sie unbeschadet ihrer Souveränität resp. Gebietshoheit Einwirkungen im Luftraum unterläßt, soweit sie kein Interesse an der Untersagung hat.

Ich gehe, wie gesagt, davon aus,[5]) daß sich die Gebietshoheit auch in die Luft erstreckt und daß es hier keine Grenzpfähle, weder ein Aufhören noch eine Minderung der Souveränität nach Zonen gibt. Die Konferenz jedoch, der eine rein praktische Aufgabe gesetzt ist, wird der Frage, wie die Staatsmacht im zugehörigen Luftraum zu bezeichnen sei — ob als Interessensphäre, Selbsterhaltungsrecht, Eigentum oder Souveränität — lieber nur die andere gegenüberstellen, wie dieses „Recht des Staates auf den Luftraum oberhalb seines Gebietes“[6]) am besten mit dem Prinzipe der Luftschiffahrtsfreiheit zu versöhnen sei.[7])

Nicht bloß im Privat- sondern auch im Staatsrecht „muß eine vernünftige Abwägung aller Verhältnisse stattfinden“.[8])

Die luftrechtliche Grundforderung an die Staatsgewalt würde hier ein zweiter Marquis Posa wohl in die Worte fassen: „Sire! Geben Sie Luftfreiheit!“ In beiden Fauchilleschen Entwürfen — über die Luftschiffahrt wie über die Funkentelegraphie — steht daher wie ein hochragender Leuchtturm der Satz:

l'air est libre.

Auch Meili erwartet von der Einstellung dieses Satzes die Lösung aller Schwierigkeit.[9]) „Eventuell“, so meint er, sind die Staaten pflichtig, sich gegenseitig Luftwegservituten einzuräumen.[10])

Es unterliegt keinem Zweifel, daß mit der Forderung: Freie Bahn für die Luftschiffahrt, das grundlegende staatsrechtliche Postulat ausgesprochen ist. Es erst noch zu empfehlen, ist überflüssig.

---

[1]) Luftschiff S. 35.

[2]) Vgl. insbesondere den Aufsatz im ArchOeffR. Bd. 24 S. 190 ff.

[3]) „Staatsrechtliches Recht“ sagt auch Meili S. 27.

[4]) A. a. O. S. 27.

[5]) Vgl. oben S. 7 ff. (187 ff.)

[6]) Meili S. 46.

[7]) Aehnlich Meili S. 48: „Man mag über die juristische Konstruktion der Interessengebiete der Staaten, soweit ihre Erhaltung reicht, denken wie man will, so muß eine vernünftige Verständigung darüber getroffen werden, in welcher Weise die Luftschiffahrt effektiv ausgeübt werden kann.“

[8]) Meili S. 27.

[9]) S. 48.

[10]) S. 28, 48. Vgl. auch Hilty im ArchOeffR. Bd. 19 S. 88.

Eine andere Frage aber ist es, ob der Satz in dieser Art, also als reines Prinzip, in einen Staatsvertrag eingestellt werden soll und ob weiter eine förmliche Begründung von Luftwegservituten erforderlich oder auch nur empfohlen ist. Beim Funkentelegraphenvertrag stand man vor derselben Frage und da hat man es anders gehalten. Es wird angenommen werden dürfen, daß der geplante Luftschiffahrtsvertrag derselben Gesetzestechnik folgen und sich demgemäß darauf beschränken wird, die staatsrechtlichen Anordnungen zu treffen, die zur Durchführung der Luftschiffahrt notwendig oder wünschenswert werden. Die Luftfreiheit wäre danach nicht in einem besonderen Gesetzesparagraphen zu formulieren, sondern sie würde nur aus konkreten Rechtsbestimmungen erkennbar werden. Gewiß ist die Luftfreiheit kein ursprünglicher völkerrechtlicher Zustand, sondern nur eine Zugeständnis der Staaten an den Verkehr. Aber deshalb braucht der Staatsvertrag, der dieses Zugeständnis überbringt, noch lange nicht mit Theorien und Prinzipien ins Haus zu fallen und noch dazu Sätze aufzustellen, die eine über das Bedürfnis weit hinausgehende im Augenblick noch gar nicht ganz zu übersehende Bedeutung haben, sondern er kann sich seiner Aufgabe auch in schlichter, praktischer Sachlichkeit entledigen.

Auch Weiß bemerkte bei der Debatte im Institut für internationales Recht 1906 in Gent gegen die Einstellung eines bloßen Prinzips in ein völkerrechtliches Abkommen: „La théorie du l'air libre conduirait à des notions imprécises et à des discussions sans fin. Il faut se limiter aux questions pratiques". (Annuaire XXI S. 304 ff.). v. Bar meinte (S. 302): „Il est trop tôt pour formuler un principe sur la condition générale de l'air". Aus diesen Erwägungen legten dann die Beiden in Verbindung mit Ullmann ein Contreprojet vor (abgedruckt S. 301), das allerdings mit seinen 2 Paragraphen etwas kärglich ausgefallen war.

Der Berliner Funkentelegraphenvertrag hat sowohl die förmliche Einstellung des Prinzips der Luftfreiheit abgelehnt wie die Schaffung von Luftservituten für unnötig erachtet, obschon nach den Beschlüssen des Instituts für das erste sogar ein ganz besonderer Anlaß gegeben gewesen wäre.

Der Kongreß des Instituts für internationales Recht in Gent 1906 hatte nämlich dem Fauchilleschen Funkentelegraphen-Entwurf, angeregt durch den Berichterstatter selbst, in dem Art. 3 (im Entwurf war es Art. 4) eine Fassung gegeben[1]), wonach die Durchgangsstaaten im Frieden das Recht erhalten resp. behalten sollten, die über ihr Gebiet hingehenden elektrischen Wellen zum Schutz der eigenen Funkenstationen zu verbieten resp. durch Gegenvorkehrungen unwirksam zu machen.[2]) Das Fauchillesche droit de conservation hatte hier einen bedrohlichen Charakter angenommen, denn damit war mit einem Schlag die ganze Radiotelegraphie in Frage gestellt[3]) und von dem mit so großem Nachdruck an die Spitze gestellten Prinzip der Luftfreiheit nichts mehr zu spüren. Freilich

---

[1]) Der Art. 3 lautet:
„Chaque État a la faculté, dans la mesure nécessaire à sa sécurité, de s'opposer, au-dessus de son territoire et de ses eaux territoriales, et aussi haut qu'il sera utile, au passage d'ondes hertziennes, que celles-ci soient émises par un appareil d'État ou par un appareil privé placé à terre, à bord d'un navire ou d'un ballon". (Annuaire XXI S. 328. Die Verhandlungen a. a. O. S. 293 ff. Der Entwurf mit Begründung a. a. O. S. 78 ff.).

[2]) Darüber berichte ich soeben in einem kleinen Aufsatz in Fauchilles „Revue générale de droit international public" 1909.

[3]) A. a. O.

die „Eigentumstheorie" würde für eine solche „lutte aveugle" [1]) eine noch viel einwandfreiere Grundlage abgegeben haben. [2]) Es paßte in diesen Ideenkreis, daß man dann die Frage aufwarf, ob im Krieg ein Neutraler nicht gar die Pflicht habe, „de s'opposer au passage au-dessus de son territoire d'ondes hertziennes destinées à un pays en guerre" — eine Frage, die dann freilich der Art. 8 des genehmigten Instituts-Entwurfs verneinte. [3])

Aber in kriegsrechtlicher Hinsicht beschränkte sich das Haager Neutralitätsabkommen für den Land- resp. den Seekrieg auf den Art. 3 resp. 5, wobei man allerdings an den Art. 9 des Instituts-Entwurfs [4]) anknüpfen konnte; und schon die Berliner Funkentelegraphen-Konferenz verhielt sich gegenüber dem angeblichen Recht auf Hertzwellen-Brechung vollkommen ablehnend. [5]) Da verlohnt es sich nun, einen Blick auf die gesetzgeberische Technik zu werfen.

Nach sachverständigem Urteile können die störenden Nebenwirkungen der Hertzschen Wellen bis zu einem gewissen Grad gemindert werden, wenn sich die beteiligten Staaten über den Betrieb, insbesondere die Wellenlänge, verständigen.

Diesem Wink folgte die Berliner Konferenz, indem sie bestimmte:

„Der Betrieb der Funkentelegraphenstation ist möglichst so einzurichten, daß er den Dienst anderer derartiger Stationen nicht stört." [6])

Das also war die Form, in welcher die Funkentelegraphie durch das Völkerrecht freie Bahn über die Durchgangsstaaten erhielt, daß man den interessierten Ländern das Recht gab, solche Betriebseinrichtungen zu verlangen, welche die schädlichen Rückwirkungen auf den eigenen Betrieb aufzuheben resp. abzuschwächen geeignet erscheinen. [7]) Das Prinzip der Luftfreiheit leuchtet also im Funkentelegraphenvertrag hinter einem ganz konkreten Anspruch des Durchgangs- resp. einer ganz bestimmten Pflicht des Absendestaates hervor.

Nebenbei sei bemerkt, daß die deutsche Telegraphennovelle vom 7. März 1908 (RG. S. 79) auch mit den Mitteln des Staatsgesetzes der Möglichkeit einer Störung begegnete, indem sie die Ausnahmen vom Telegraphenmonopol (Telegraphengesetz 1892 § 3) im System der verstaatlichten Funkentelegraphie nicht mehr festhielt und Störungen durch Private und Korporationen dadurch einen Riegel vorschob, daß sämtliche Funkenstationen ohne Ausnahme nur mit Genehmigung des Reichs errichtet und betrieben werden können. [8])

Der Funkentelegraphenvertrag vom 3. Nobember 1906 begründet weiter unter Regelung des Gebührenwesens (Art. 10) eine Austauschpflicht zwischen den Küsten- und den Bordstationen (Art. 3, 5), das Zusatzabkommen Art. 1 auch unter den Bordstationen; und die Ausführungsübereinkunft enthält die zur Durchführung erforderlichen Verwaltungsauflagen.

---

[1]) So E. Rolin (Annuaire XXI S. 308)

[2]) Grünwald im ArchOeffR. Bd. 24 S. 198.

[3]) Annuaire XXI S 329. Vgl. S. 316 ff. Die Fassung geht auf v. Bar zurück (S. 322), der anfänglich mit Weiß und Ullmann eine andere Fassung in Vorschlag gebracht hatte (S. 301 f.; vgl. oben S. 19 (199). Uebrigens enthält der Institutsentwurf auch eine einschlägige Bestimmung für die Funkentelegraphie auf hoher See in der Operationssphäre der Kriegsführenden (Art. 6).

[4]) Der Wortlaut des Art. 9 S. 329, die Verhandlungen S. 316 ff.

[5]) Dies gegen Grünwald im ArchOeffR. Bd. 24 S. 198.

[6]) Funkentelegraphenvertrag Art. 8. Vgl. auch die Ausführungsübereinkunft Nr. 13 XL.

[7]) Vgl. meinen zit. Artikel a. a. O.

[8]) Vgl. darüber Meili in BlfRA. 1909 S. 5 f.

Diese Pflicht zum wechselseitigen Austausch der Funkentelegramme, und zwar ohne Unterschied des benützten Systems, bildet den eigentlichen Kern des Berliner Vertragswerks.[1]) Daß ein Land die Funkentelegramme, die in seinem Herrschaftsbereich eintreffen, aufnehmen und weiter geben muß,[2]) allerdings vorbehaltlich der Beschränkungen des öffentlichen Verkehrs aus Erwägungen der Staatssicherheit, öffentlichen Ordnung und Sitte,[3]) ist die wirksamste Form, in welcher Staaten die Freiheit der Luft für den Funkentelegraphenverkehr anzuerkennen vermögen.[4])

Aehnlich denke ich mir die legislative Technik im geplanten Luftschiffahrtsvertrag, welch letzterer die Freiheit der Luft für die Luftschiffahrt anzuerkennen haben wird. Derselbe wird nach zweifacher Richtung Vorkehrungen zu treffen haben. Er wird Bestimmungen vorsehen müssen:

1. über die Luftschiffahrtsanlagen,
2. über das Luftschiffahrtsunternehmen.

I. Wie der Funkentelegraphenvertrag mit den Funkenstationen, so wird sich der Luftschiffahrtsvertrag zunächst mit den Luftschiffahrtsanlagen,[5]) oder den Aufstiegs- und Landungsplätzen zu beschäftigen haben, wenn diese natürlich auch für die Luftschiffahrt nicht die Bedeutung haben, wie die Funkenstationen für die drahtlose Telegraphie. Besonderer Anlagen für Aufflug und Landung bedarf es, abgesehen vom Schutz gegen privatrechtliche Einwirkungen,[6]) um einen geordneten Luftschiffahrtsverkehr zu entwickeln, und die Möglichkeit zur Entnahme von Wasser und Ballast, zur Ausbesserung und Bergung zu gewähren. Insbesondere werden „Ballon- oder Luftschiffhallen"[7]) nötig werden.

Die Sorge für die Herstellung solcher Luftschiffahrtsanlagen ist keine Staatssache. Wurde doch nicht einmal eine Verpflichtung zur Errichtung von Funkentelegraphenstationen vertragsmäßig übernommen! Auch davon kann m. E. nicht die Rede sein, daß hier ein Expropriationsrecht zur Verfügung gestellt werden müßte.[8]) Im übrigen werden wir hier Privat- und öffentliche Anlagen,[9]) insbesondere auch Reichsluftschiffhallen entstehen sehen, die für den Privat-

---

[1]) Das habe ich schon in meiner „Haager Friedenskonferenz" II 641 betont.

[2]) Nach Art. 5 des Funkentelegraphenvertrags sind die Staaten verpflichtet, die Küstenstationen durch besondere Leitungen mit dem Telegraphennetze verbinden zu lassen, oder zum mindesten solche andere Maßnahmen zu treffen, die einen schleunigen Austausch der Telegramme zwischen den Küstenstationen und dem Telegraphennetze sicher stellen.

[3]) Art. 3 in Verbindung mit Art. 17, nach welch letzterem die Art. 7 und 8 des Petersburger Telegraphenvertrags von 1875 auf die internationale Funkentelegraphie Anwendung finden sollen. Vgl. meinen Artikel in Fauchilles Revue 1909.

[4]) Vgl. auch Ullmann, VR. 2. Aufl., S. 427: „Der Ausgangspunkt der Konvention ist die den Konsequenzen der völkerrechtlichen Verkehrsfreiheit entsprechende Pflicht der Staaten, die drahtlose Telegraphie zu gestatten und nicht zu hindern." Meili (BlfRA. 1909 S. 10): „Die Funkentelegraphenkonvention bestätigt den Satz, daß kein Staat über den Luftraum und über die Luft (speziell oberhalb dem Meere) einseitig verfügen kann".

[5]) Ich wähle diese Bezeichnung in Nachbildung der „Funkentelegraphenanlagen" der convention radiotélégraphique Art. 21.

[6]) Vgl. oben S. 15 (195).

[7]) Das war von Anfang an die Bezeichnung für die nunmehrige Reichshalle in Friedrichshafen. Es ist auch schon das Wort „Luftballonbahnhof" gefallen (Scholz, ArchOeffR. 19 S. 601). Grünwald (S. 39) spricht von „Luftschiffhäfen."

[8]) Anderer Meinung ist Meili S. 25, 28.

[9]) Grünwald, Luftschiff S. 39.

verkehr geschlossen bleiben, wie ja auch der Funkentelegraphenvertrag im Art. 21 [1]) eine Ausnahmestellung der Funkentelegraphenanlagen der Flotte und des Heeres vorgesehen hat.

Die Errichtung von Luftschiffahrtsanlagen kann ruhig der schöpferischen Kraft des Verkehrs überlassen werden,[2]) wie dies auch bezüglich der Funkentelegraphenstationen geschehen ist.

Der Funkentelegraphenvertrag hat sich damit begnügt, nach Ordnung der Gebührenfrage,[3]) bei allen Funkentelegraphenstationen, die übrigens mitgeteilt werden müssen [4]) und auch eine fremde Staatsangehörigkeit haben können,[5]) die Beobachtung der vereinbarten Bestimmungen zu sichern.[6])

Diesem Beispiel kann man folgen. Wenn der Luftschiffahrtsvertrag die Benutzung der Luftschiffahrtsanlagen — vorbehaltlich der Ausnahmestellung der Militärluftschiffahrt — gegen Entrichtung der Gebühren für die Luftschiffe jeder Nationalität freigibt, so würde hierdurch in ähnlicher Weise die Freiheit der Luftschiffahrt gesichert sein, wie durch die Austauschspflicht der Funkentelegraphenstationen die Luft für die drahtlose Telegraphie freigegeben wurde. Und wie diese Austauschspflicht im Interesse der Staatssicherheit[7]) zessiert, so muß natürlich auch auf dem Gebiet der Luftschiffahrt die internationale Nutzungsgemeinschaft vor dem Staatsinteresse zurücktreten. Durch eine Bestimmung dieser Art würde wiederum das Prinzip der Luftschiffahrtsfreiheit wirksam anerkannt und zugleich der Nagel geschlagen, an welchem das staatliche Aufsichtsrecht eingehängt werden könnte. Hier ließen sich auch alle Forderungen des Fauchilleschen Selbsterhaltungsrechts verwirklichen; vor allem könnte das Visitationsrecht, sowie die Sanitäts- und Zollpolizei ausdrücklich vorbehalten werden, obschon der staatsrechtliche Bestand dieser Rechte nicht erst der völkerrechtlichen Anerkennung bedarf. Daß die Luftschiffe das gemeine Recht des Staates, in dem sie gelandet sind, zu achten und sich aller feindseligen Handlungen und Ordnungsstörungen zu enthalten haben,[8]) versteht sich nach dem Territorialitätsprinzip von selbst. Auf den Luftschiffahrtsanlagen herrscht eben volle Souveränität.

II. Während bei der drahtlosen Telegraphie die Funkentelegraphenstationen die Hauptsache sind, steht bei der Luftschiffahrt das **Luftschiffahrtsunternehmen** selbst und damit die Konzessionsfrage im Vordergrund.

Der Funkentelegraphenvertrag bietet hier nur einen Anhaltspunkt für die Wahl des Prinzips, auf dessen Festlegung sich derselbe aber auch beschränkt, während der Luftschiffahrtsvertrag gerade hier ins einzelne zu gehen haben wird. Der Funkentelegraphenvertrag kennt im Art. 1 sowohl Küstenstationen, die vom Staat errichtet oder betrieben werden als auch Privatunternehmungen, die vom

---

[1]) In Verbindung mit dem Schlußprotokoll Ziff. II u. III (RGBl. 1906 S. 427 f.).

[2]) **Meili** (S. 49) hält eine völkerrechtliche Verständigung für die Errichtung von Landungsplätzen (Stationen, Aufflugstätten) für nötig.

[3]) Art. 10.

[4]) Art. 6, Ausf.-Uebereink. Ziff. IV.

[5]) Ausf.-Uebereink. Ziff. IV.

[6]) Art. 1.

[7]) Funkentelegraphenvertrag Art. 4, 17 in Verbindung mit Art. 7 u. 8 des Petersburger Telegraphenvertrags von 1875.

[8]) Wie das der **Fauchillesche** Entwurf in Art. 11 am Schluß besonders hervorhebt.

Staat zur Errichtung oder zum Betriebe von Stationen ermächtigt sind. Auch die Art des Verkehrs, dem die Station dient,[1]) kann verschieden sein.

War hier, wo das Staatsmonopol bereits die Führung übernommen hat, nichtsdestoweniger unter dem internationalen Gesichtspunkt die Wahlfreiheit empfohlen, so hat man bei der Luftschiffahrt, die für eine Verstaatlichung noch gar nicht reif wäre, erst recht alle Veranlassung, beide Wege offen zu lassen. Auch der Luftschiffahrtsvertrag wird daher zu unterscheiden haben zwischen den Luftschiffen, die vom Staat gebaut oder betrieben werden und den Luftschiffen der vom Staat ermächtigten Privatunternehmungen. Die Privatunternehmungen bedürfen staatlicher Konzession für den Bau und den Betrieb, wie auch eine förmliche Verpflichtung auf die Beobachtung der aufsichtsrechtlichen Betriebsbestimmungen wird vorbehalten werden können.

Ich stimme Meili[2]) bei, daß hier die Notwendigkeit einer staatlichen Konzession unter keinen Umständen abgewiesen werden kann, daß die Feststellung der maßgebenden Voraussetzungen und des Pflichtenkreises großer Vorsicht bedarf und daß die Techniker hier das entscheidende Wort zu sprechen haben. Die Konzessionserteilung selbst ist Staatssache; aber das Völkerrecht ist an der Konzessionspflichtigkeit und gleichmäßigen Handhabung des Konzessionsrechts interessiert. Meili hat deshalb schon die Ausarbeitung des Schemas einer Normalkonzession empfohlen.[3])

Wie bereits erwähnt, wird die Unterscheidung von staatlichen und privaten Luftschiffen grundlegend sein und bleiben. Sie ist es auch im Fauchilleschen Entwurf,[4]) der die staatlichen Militär- und Zivilschiffe in besonderer Weise kenntlich gemacht und eigens gestellt sehen will. In der Tat wird man den staatlichen Luftschiffen eine ähnliche Stellung wie den staatlichen Seeschiffen, also auch Exterritorialität einräumen müssen.[5])

Ueberhaupt wird man hier starke Anleihen beim Seerecht machen können. Dabei kann natürlich nicht die deutsche Terminologie (Meer, Luftmeer; Schiff, Luftschiff usw.), sondern nur eine sachliche Aehnlichkeit des Luft- und Seeverkehrs bestimmend sein.[6])

Fauchille hat bereits die Forderung gestellt, daß die Luft- wie die Seeschiffe eine Nationalität haben müssen, aber auch nur eine Nationalität haben dürfen,[7]) die dann, wie sich zeigen wird, für die Gestaltung ihrer Rechtsverhältnisse von maßgebender Bedeutung ist.

Ueber den Erwerb der Nationalität oder die Nationalisierung der Seeschiffe treffen die Seerechte der einzelnen Länder Bestimmungen, die sich kaum

---

[1]) Amtsverkehr, öffentlicher Verkehr und zwar teils allgemeiner öffentlicher Verkehr teils beschränkter öffentlicher Verkehr und schließlich Privatverkehr. Vgl. die Ausf.-Uebereinkunft Nr. IV.

[2]) Luftschiff S. 23.

[3]) S. 49.

[4]) Art. 1. Ich muß es nur beanstanden, daß hier zu sehr die Oeffentlichkeit der Verkehrsbestimmung oder das être affecté au service de l'État entscheidet. Es kommt aber doch wohl nur darauf an, ob das Luftschiff dem Staat oder Privaten gehört: entscheidend ist also die Eigentumsfrage.

[5]) So auch Gareis (Beil. d. M. N. N. 1909 S. 323). Vgl. darüber unten § 4.

[6]) Meili in BlfRA. 1909 S. 42.

[7]) Art. 2 und 3. Vgl. insbesondere Fauchille zu Art. 3 (Annuaire XIX S. 27 f.). Hier heißt es: „Un aérostat sans nationalité serait un pirate". Aehnlich Gareis in der Beil. d. M. N. N. 1909 S. 323.

in den Grundzügen decken; und diese Verschiedenheiten werden sich auch bei den Luftschiffen einbürgern, wenn es hier nicht beizeiten gelingt, eine Uebereinstimmung zu erzielen. Natürlich handelt es sich lediglich um die Privatschiffe; denn daß die Staatsschiffe die Nationalität eben ihres Staates haben, ist selbstverständlich.[1]) Die Entscheidung kann nun auf sehr verschiedene Momente gestellt werden: auf die Herkunft des Schiffes, auf die Nationalität des Eigentümers oder auch diejenige des Schiffskommandanten, und schließlich auf die Zusammensetzung der Schiffsmannschaft.[2]) Fauchille bemerkt, daß es nicht der Ballon selbst, sondern lediglich die Ballonmannschaft sei, die zu internationalen Verwicklungen führen könne. Und da nun die Auswahl dem Eigentümer zusteht, kommt Fauchille zu dem Resultat (Art. 3): Das Luftschiff darf nur diejenige Nationalität erhalten, welche der Eigentümer, der Führer und wenigstens drei Viertel der Mannschaft besitzen. Nach der Nationalität bestimmt sich dann das Flaggenrecht. Deutschland wird dagegen voraussichtlich Anlehnung an das RG. betr. das Flaggenrecht der Kauffahrteischiffe vom 22. Juni 1899[3]) suchen. Hiernach haben das Flaggenrecht nur ganz bestimmte Schiffe, in der Hauptsache nämlich nur die Kauffahrteischiffe (Art. 1), und zwar nur solche Kauffahrteischiffe, die „im ausschließlichen Eigentume von Reichsangehörigen stehen".[4])

Aber, so meint Fauchille weiter, mag man die Nationalität eines Luftschiffes bestimmen und bedingen wie man will: „un point importe: c'est que celle-ci soit constaté d'une façon précise";[5]) und damit ist dann in Nachbildung des Seerechts auch die Notwendigkeit von Luftschiffsregistern gegeben.[6]) Für das weitere haben wir in dem erwähnten Flaggengesetz von 1899 ein Vorbild. Vielleicht werden sich auch die Seemannsordnung vom 2. Juni 1902,[7]) wenigstens die Bestimmungen über die rechtliche Stellung von Schiffer und Schiffsmannschaft, ferner über Seefahrtsbücher und Musterung, sowie weiterhin einige seerechtliche Bestimmungen des HGB. über den Schiffer (§§ 511 ff.) zur Nachahmung eignen. Ich denke mir daher die Grundzüge der zu vereinbarenden Konzessionsordnung etwa folgendermaßen:[8])

Konzessionspflichtig ist das Luftschiffahrtsunternehmen, Bau wie Betrieb; und es ist der Fall vorzusehen, daß und unter welchen Voraussetzungen die Luftschiffahrtskonzession im Ganzen oder die Ausübung einzelner Rechte entzogen werden kann.[9])

Die Luftschiffe, welche bei der staatlichen Prüfung für lufttüchtig

---

[1]) Annuaire XIX S. 28.

[2]) A. a. O.

[3]) RGBl. S. 319. Die Gesetze vom 25. Oktober 1867 und 28. Juni 1873 sind durch dieses Gesetz beseitigt und ersetzt. Eine Ergänzung fand das Gesetz von 1899 durch das RG. vom 29. Mai 1901 (RGBl. S. 184), sowie die VO. vom 1. März 1900 (RGBl. S. 41 und 5. Juli 1903 (RGBl. S. 257).

[4]) § 2 Abs. 1. Ueber die Anwendung dieses Grundsatzes auf Handelsgesellschaften vgl. den Abs. 2. Der Fall, daß der Eigentümer einer Schiffspart die Reichsangehörigkeit verliert oder ein Ausländer eintritt, ist im Art. 3 geordnet.

[5]) Annuaire XIX S. 28.

[6]) A. a. O.

[7]) RGBl. S. 175.

[8]) Vgl. auch Fauchille Art. 1—6 (Annuaire XIX S. 25 ff.); Meili, Luftschiff S. 22 ff., 49; Gareis, Beil. z. M. N. N. 1909 S. 323.

[9]) Meili S. 22 f., BlfRA. 1909 S. 43.

befunden worden sind,[1]) erhalten einen Namen, der ebenso wie der Name der heimatlichen Luftstation, von welcher das Luftschiff ausgegangen ist, zugleich mit einer Nummer sichtbar und fest angebracht sein muß.[2])

Die Luftschiffe führen die Flagge des Staates, dessen Nationalität sie besitzen.[3]) Für die Luftschiffe sind amtliche Luftschiffsregister zu führen,[4]) und über die Eintragung, welche bei der Inbetriebsetzung erfolgt[5]) werden Luftschiffszertifikate ausgestellt.[6]) Ein Luftschiff darf nur in das Luftschiffsregister der sog. Registerstation, oder derjenigen Station eingetragen werden, von der aus, als der Heimat, die Luftschiffahrt betrieben werden soll.[7]) Vor der Eintragung in das Luftschiffsregister und der Erteilung der Luftschiffszertifikate darf das Recht zur Flaggenführung nicht ausgeübt werden.[8]) Die Staaten haben sich über die Eintragungen in dem bei ihnen geführten Luftschiffsregister auf dem Laufenden zu halten.[9])

Durch die Nationalisierung läßt sich, wie wir in § 4 sehen werden, die Strafrechtsherrschaft und Strafgerichtszuständigkeit begründen. Die Nationalität und Station kann aber auch zivilprozeßrechtliche Erleichterungen vermitteln. Es kann für jede Luftschiffahrtsgesellschaft bezüglich der Luftschiffahrtsklagen in jedem Staat und an jedem Ort, wo sie eine Station hat,[10]) ein besonderer Gerichtsstand begründet werden. Weiter dürfte auch ein Gerichtsstand beim Flaggenstaat veranlaßt sein.[11]) Für Zusammenstöße in der Luft darf das zum Vorbild dienen, was über den Zusammenstoß von Schiffen gilt.[12])

Die Luftschiffer werden im Interesse der Verkehrssicherheit auf die Dauer eines besonderen Befähigungsnachweises nicht wohl entbehren können;[13]) dem Prüfungsfanatismus soll damit das Wort nicht geredet werden. Unsere großen Erfinder haben allerdings ohne Examen ihr großes Werk vollbracht; aber man wird auch mit Luftschiffen fahren müssen, die kein Zeppelin, Parseval und Groß mehr steuert. Auch der Entwurf eines Automobilhaftpflichtgesetzes, der jetzt dem Reichstag vorliegt, hat Bestimmungen über die Fahrerlaubnis vorgesehen.

---

[1]) Meili S. 23: „Das Luftschiff bedarf einer sorgfältigen Kontrolle darüber, ob es luftschiffsicher (luftmeersicher) sei. Es muß also eine Art Kollaudation erfolgen, die mit der Ausrüstung mit der nationalen Flagge (der Nationalisierung) abschließt, ähnlich wie bei den Seeschiffen."

[2]) Fauchille Art. 5.

[3]) Meili, Luftschiff S. 24; Gareis, Beil. d. M. N. N. 1909 S. 323; Fauchille, Art. 2. Fauchille macht hierzu die Bemerkung Annuaire XIX S. 26[1]): Auf dem Luftschiffahrtsgebiet unterscheiden sich die verschiedenen Nationalflaggen nicht durch ihre Farbe, sondern ihre Form. Es würde sich daher empfehlen, daß die Staaten im gegenseitigen Einverständnis die Form ihrer Flagge festlegen.

[4]) Nach dem Vorbild des deutschen Flaggengesetzes §§ 4—9, 13—15. Ebenso Fauchille Art. 3.

[5]) Meili, Luftschiff S. 24.

[6]) Nach dem Vorbild des Flaggengesetzes §§ 10—13, 15.

[7]) Nach dem Vorbild des Flaggengesetzes § 6.

[8]) Aehnlich das Flaggengesetz § 17.

[9]) Fauchilles Entwurf Art. 4.

[10]) So Meili Luftschiff S. 23.

[11]) A. a. O. S. 34. Bei Deliktsklagen gegen einen Deutschen käme dann EG. z. BGB. Art. 12 in Betracht.

[12]) So auch der Fauchillesche Entw. Art. 17. Ueber den Schaden durch Zusammenstoß von Schiffen vgl. HGB. §§ 734—739.

[13]) Grünwald, Luftschiff S. 38 f.; Meili S. 24, 49; BlfRA. 1909 S. 44. Vgl. auch Hildebrandt, Die Luftschiffahrt S. 411 f.

Wie bei den Seeschiffern, so wird weiterhin auch bei den Luftschiffern „der Grad des Befähigungszeugnisses“[1]) für die verschiedenen Dienstleistungen auf dem Luftschiff verschieden sein müssen.

Fauchille hat im Art. 4 den Satz vorgesehen: „Le commandant d'un aérostat public doit être porteur de sa commission officielle“. Des weiteren wünscht er Bestimmungen über den Inhalt der Schiffspapiere und empfiehlt über die Rechtsnatur derselben eine internationale Verständigung. Wie für die Funkentelegraphie so wird sich auch für die Luftschiffahrt ein internationales Betriebsreglement, oder eine Ausführungsübereinkunft als wünschenswert erweisen. Hier hat ein Buch über die „Fédération aéronautique“ schon vorgearbeitet.[2]) Das internationale Reglement wird insbesondere auch das Luftzeremoniell,[3]) besonders über Ausweichung,[4]) sowie die Bestimmungen über die verbotenen Luftwege zu enthalten haben, die gegen Landesverrat schützen sollen. Denn die Staaten müssen verhindern können, daß Ballons eine Luftstraße ziehen, auf welcher man einen die Staatssicherheit bedrohenden Einblick gewinnen kann. Nebenbei bemerkt, wären die zum Schutz gegen die Spionage getroffenen Sperrungen gewisser Luftstraßen wiederum eine praktische Form für die gesetzgeberische Festlegung des Prinzips der Luftschiffahrtsfreiheit.

Die von Meili[5]) gewünschte internationale Zentralkontrollstelle oder das „Weltluftamt“[6]) würde in dem Bureau des Funkentelegraphenvertrags (Art. 13), das an die internationale Telegraphenunion angeschlossen wurde, ein Vorbild haben.

Kraft seiner Souveränität ist jeder Staat in der staatsrechtlichen Regulierung des Luftschiffahrtswesen innerhalb seines Gebiets, wozu auch der entsprechende Luftraum und zwar ohne Höhengrenze gehört, vollkommen frei. Demgemäß kann und soll jeder Staat hier zur Sicherung gegen die Gefahren der Luftschiffahrt rechtzeitig mit seiner aufsichtsrechtlichen Ordnung einsetzen;[7]) er mag weiterhin auch nur seine Interessen wahrnehmen.[8]) Das Völkerrecht, d. h. ein internationaler Luftschiffahrtsvertrag soll nur die Interessen des Grundstaates, wie die Beschränkungen, die er dem Verkehr auferlegen darf, näher festsetzen und

---

[1]) § 24 der Seemannsordnung in Verbindung mit der Bek. vom 16. Januar 1904 über Befähigungsnachweise der Seeschiffer und Seesteuerleute.

[2]) „Fédération aéronautique. Statuts et règlements 1906. Deutsche Uebersetzung von Selasinsky und Stade, „Internationaler Luftschifferverband. Satzungen und Reglements“ 1908.

[3]) So auch der Fauchillesche Entwurf Art. 20. Fauchille erwartet hier Bestimmungen über Luftwege, Luftschiffslichter (Farbe, Zahl, Form und Anbringung), Luftschiffssignale und Luftnot, Grünwald auch Bestimmungen über das Recht des 1. Grußes, das nach der „Eigentumstheorie“ dem Grundstaat zustehen soll (ArchOeffR. Bd. 24 S. 198). Ich weiß jedoch nicht, wie über die Notwendigkeit solcher Formvorschriften unsere Luftschiffer denken, die hier überall das maßgebende Wort haben müssen.

[4]) Meili, Luftschiff S. 25.

[5]) Luftschiff S. 25.

[6]) BlfRA. 1909 S. 45.

[7]) Grünwald im ArchOeffR. Bd. 24 S. 196): „Die Gründe freilich, dem internationalen Verkehr in der Luft Schranken zu setzen, sind um so gewichtiger, als der Luftverkehr über einem Staatsgebiete ungleich größere Gefahren für den Staat und dessen Angehörige in sich schließt, als der internationale Verkehr auf dem Lande und in den Häfen des Staates“.

[8]) A. a. O. S. 197: „Ueber die Beschränkung des Verkehrs im Luftraum aus dem Gesichtspunkte der Gefahr hinaus kann der Grundstaat aber auch aus dem Gesichtspunkte seines Interesses ... dem internationalen Verkehr in seinem Luftraume Schranken setzen“.

gegen die Interessen des Verkehrs und die Forderungen der Luftschiffahrt abgleichen.[1]) Der Luftschiffahrtsvertrag soll die nötigen Garantien schaffen, daß durch die Ausübung des Souveränitätsrechts der Luftschiffahrt keine unnötigen Hindernisse bereitet werden, daß vielmehr umgekehrt für ein sicheres und gedeihliches Funktionieren derselben allüberall die notwendigen staatsrechtlichen Vorbedingungen geschaffen sind.

Aus Vorstehendem wird sich ergeben haben, daß von einer rationellen und praktischen Ueberlegenheit der Theorie von der Freiheit des Luftraumes gegenüber der Souveränitätstheorie, die nach Scholz[2]) gegeben sein soll, nicht wohl die Rede sein kann.

§ 4. Die strafrechtliche Würdigung.

Die Nationalisierung der Seeschiffe schlug die Brücke zu einer zweckmäßigen Ergänzung der Bestimmungen über das räumliche Herrschaftsgebiet des Strafgesetzes. Das wird sich nun bei den Luftschiffen, denen ja gleichfalls mit der Flagge die Nationalität verliehen werden soll,[3]) wiederholen.

Dabei möchte ich folgendes vorausschicken: Vom Standpunkt der zurzeit noch maßgebenden Kompetenz-Kompetenz ist jeder Staat in der Ausbildung auch seines internationalen Strafrechts vollkommen frei. Ihn braucht weder eine Zuständigkeitskonkurrenz anderer Staaten zu beirren, noch braucht er seinerseits das Territorialitätsprinzip zugrunde zu legen. Stellt er nun aber einmal dasselbe in den Vordergrund, will er weiterhin eine Bestrafung in Fällen sichern, wo eine Verfolgung durch andere Staaten nicht wohl zu erwarten ist und will er schließlich dabei ohne neue Herrschaftstitel auskommen, so weist die Nationalisierung der Schiffe immer noch am besten den Weg zur Herrschaftszuständigkeit. Die Sorge für ein besseres Strafgesetzbuch ist unseren Kriminalisten anvertraut, die ja auch schon längst an der Arbeit sind; ich muß hier an das zurzeit noch geltende Reichsstrafrecht anknüpfen, um dann eine auf das Luftstrafrecht beschränkte Anregung zu geben.

I. Kraft der Nationalisierung gelten auf dem Meer die Seeschiffe jeder Art, die Staats- wie die Kauffahrteischiffe, als schwimmende Gebietsteile des Flaggenstaates. Sie haben Territorialitätscharakter, und das sichert die Möglichkeit der Bestrafung, wo dieselbe infolge der Gebietslosigkeit des freien Meeres versagen würde.

Für die auf hoher See begangenen Handlungen versagt nämlich das Territorialitätsprinzip und mithin der § 3 des StGB. Sieht man aber von den besonderen Delikten des § 4 Ziff. 1—2 ab, so stellt weiterhin das Nationalitätsprinzip des § 4 Ziff. 3 Bedingungen, die wegen der erwähnten Staatenlosigkeit nicht zu erfüllen sind.

Da das offene Meer frei von jeder Gebietshoheit ist, so gewährt also im Rahmen des StGB. erst der Territorialcharakter der Seeschiffe die Möglichkeit, alle dort begangenen Delikte zu strafen. Die anderen Staaten sind indes in ganz ähnlicher Lage:[4]) auch sie haben für die eigentliche Ausgestaltung ihrer

---

[1]) A. a. O.

[2]) ArchOeffR. Bd. 19 S. 603.

[3]) Vgl. oben S. 25 (205).

[4]) Vgl. die einschlägige Darstellung der Auslandsrechte bei Mendelssohn Bartholdy, Das räumliche Herrschaftsgebiet des Strafgesetzes in der „Vergleichenden

Strafjustiz der völkerrechtlichen Brücke nicht entbehren können, die durch die Lehre vom territoire flottant geschlagen wird.

Es unterliegt keinem Zweifel, daß nun für die Luftschiffe ganz dasselbe zu gelten haben wird resp. vereinbart werden muß. Die Luftschiffe (Staats- wie Privatluftschiffe) werden daher, solange sie über dem freien Meer fahren, kraft ihrer Nationalisierung als bewegliche Gebietsteile des Flaggenstaates zu gelten haben. Darüber wird kaum ein Streit entstehen.[1])

II. Wie soll es aber mit den Luftschiffen gehalten werden, die in den Bereich der Gebietshoheit gelangt sind?

1. Was gilt hier zunächst für die Seeschiffe?

Ich will nicht alte Streitfragen aus dem Exterritorialitäts- und Seerecht[2]) wieder aufrollen sondern nur kurz meine Meinung sagen.

a) Und da muß ich nun dem Gebietscharakter der Kriegsschiffe und mithin der herrschenden Ansicht,[3]) insbesondere auch Beling,[4]) der bei den Kriegsschiffen im Unterschied zu seiner sonstigen Ansicht die Exterritorialität beim Aufenthaltsstaat in eine wirkliche heimatstaatliche Territorialität übergehen läßt, mit einigen Worten entgegentreten.

Daß ein Schiff im staatenlosen Gebiet selbst eine Gebietsherrschaft wird, kann man verstehen. Daß sich aber über der Gebietshoheit des Aufenthaltsstaates die Gebietshoheit eines Kriegsschiffes auftut, kann ich nicht verstehen. Von hier aus wirft dann aber schon Grünwald[5]) die Frage auf, ob nicht auch der „Luftraum über einem solchen Schiffe jeweils als zu dem Heimatland des Schiffes gehörend anzusehen ist". Wenn ihn eine rein praktische Erwägung auch zur Verneinung führt, so sieht man doch, welche Blüten die Fiktionstheorie treiben kann.

Nach meiner Ansicht haben die Kriegsschiffe im Bereich fremder Gebietshoheit keine territoriale Stellung. Während sie auf hoher See als Teil ihrer Heimat gelten und gelten können, haben sie in fremden Eigen- und Küstengewässern nur Exterritorialitätscharakter, d. h. sie befinden sich jetzt in Wahrheit im fremden Staatsbereich und unter fremder Gebietshoheit, sind aber von der dortigen Gerichtsbarkeit befreit. Das ist die Stellung aller Exterritorialen.[6])

Darstellung des deutschen und ausländischen Strafrechts", Allgem. Teil Bd. VI S. 85 ff. insbes. S. 169 ff.

[1]) So auch Grünwald, Das Luftschiff S. 25 f., 41 in Verb. mit S. 43.

[2]) Vgl. die bei Löwe-Hellweg (Komm. z. StPO. 12. Aufl. § 10) sowie bei Schücking, Das Küstenmeer 1897 S. 39 ff., 60 ff. angegebene Literatur.

[3]) Die herrschende Meinung und mit ihr auch Schücking (S. 60 ff.) und Grünwald (Luftschiff S. 18) nimmt den Gebietscharakter der Staatsschiffe an, „wo sie sich auch befinden mögen, ob auf hoher See, in fremden Küsten- oder Eigengewässern".

[4]) Die strafrechtliche Bedeutung der Exterritorialität S. 164 ff., 176, 178.

[5]) ArchOeffR. Bd. 24 S. 201.

[6]) Zur Frage der Exterritorialität ist jetzt vor allem Beling (Die strafrechtliche Bedeutung der Exterritorialität 1896) zu vergleichen. Die herrschende Ansicht im Völkerrecht (a. a. O. S. 1 ff.) und bis vor kurzem auch im Strafrecht, was dann seinen Niederschlag in Staatsgesetzen (a. a. O. S. 106) und in der Judikatur des Reichsgerichts fand (X 85. Vgl. Müller, Die Stellung des Reichsgerichts zu der völkerr. Lehre von der Exterritorialität, 1904), nimmt auch eine Exemtion vom materiellen Recht und zwar nicht selten von den Straf- wie Zivilgesetzen an. So jetzt noch Liszt (VR. 5. Aufl. 1907 S. 126, 79). Nachdem sich aber v. Holtzendorff („Für den Grafen von Arnim" S. 68) und Zorn (in diesen Annalen 1882 S. 111 ff. und in von Stengels Wörterbuch des deutschen Verwaltungsrechts II S. 372) gegen diese Ausdehnung ausgesprochen hatten, traten auch die Kriminalisten (z. B. Binding, Olshausen, Merkel, Frank, Benecke

Der Ausdruck freilich, der nicht bloß barbarisch und zungenbrechend, sondern wie längst zugestanden wird, auch irreführend ist, dürfte besser durch „Gerichtsfreiheit“ ersetzt werden, was sich auch neben der „Steuer-, Zoll- und Kapellenfreiheit“ ganz gut ausnehmen würde.[1])

Kraft ihrer Gebietshoheit, die den Gerichtsfreien gegenüber nicht aufgehoben, sondern nur beschränkt ist, können die Staaten fremde Kriegsschiffe ausschließen und ihnen Einfahrts- wie Aufenthaltsbedingungen setzen,[2]) aber infolge der Gerichtsfreiheit weder gerichtliche noch polizeiliche Amtshandlungen gegen sie vornehmen.

Allerdings haben wir bei den Kriegsschiffen eine Besonderheit, durch welche sich die erwähnte Gerichtsfreiheit zur eigenen Gerichtsbarkeit erweitert. Demgemäß hat über die strafbaren Handlungen der Schiffsmannschaft, welche an Bord des Kriegsschiffs begangen werden, das Schiff selbst Strafgewalt, die es auch im Ausland auszuüben berechtigt ist (MStGB. § 7). Und das läßt man im völkerrechtlichen Verkehr auch gelten, d. h. der Aufenthaltsstaat nimmt keine konkurrierende Strafgewalt in Anspruch, wenn die Mannschaft in dienstlichen Angelegenheiten, mitunter sogar auch, wenn sie außerdienstlich ans Land gegangen ist und sich bei dieser Gelegenheit einer strafbaren Handlung schuldig gemacht hat. Wird umgekehrt auf dem Schiff von den Untertanen des Aufenthaltsstaats oder anderen Fremden ein Delikt begangen, so liefert das Kriegsschiff den Täter an die zuständige Ortsbehörde zur Aburteilung aus; man findet es aber auch in Ordnung, wenn das Kriegsschiff den Täter zur eigenen Aburteilung zurückbehält.

So ist durchweg die heutige, allerdings vielfach angefochtene Völkerrechtspraxis,[3]) die zu dem Bild der sog. „echt sächlichen Exterritorialität“ [4]) schlecht

---

usw. S. 5) immer mehr einer Exemtion der Exterritorialen vom materiellen Recht entgegen. Dieser Streitfrage ist nun das Buch von Beling gewidmet, das jede Sonderstellung der Exterritorialen auf dem Gebiet der Landesgesetze selbst leugnet und lediglich eine Freiheit von der Gerichtsbarkeit annimmt (S. 1 ff., 63 ff., 117 ff.). In der Tat wäre sonst nicht einmal für eine Notwehr gegen Exterritoriale die rechtliche Unterlage gewonnen. Denn diese setzt einen rechtswidrigen Angriff voraus (S 82, 132, 170). Die Vertröstung auf den Notstandsparagraphen aber, der nur Leib und Leben schützt, gibt keinen ausreichenden Ersatz. Man kann es sich aber auch nicht denken, daß die Exterritorialen in absoluter Respektlosigkeit gegenüber den örtlichen Gesetzen und der Territorialhoheit sollten leben dürfen, zumal sie ja auch selbst für sich den örtlichen Straf- und Zivilrechtsschutz in Anspruch nehmen. Sie sind im Interesse ihrer Aufgabe nur frei von Zwang und Gerichtsbarkeit. Anderenteils gibt es aber doch diplomatische Mittel der Gegenwirkung und da muß es erlaubt sein, Handlungen eines Gesandten bei der vorgesetzten Stelle desselben als Verbrechen zu bezeichnen und zu bewerten, wenn sie es im übrigen nach unserem StGB. sind. Freilich ist es eine Konsequenz der Belingschen Theorie, daß Exterritoriale nach Beendigung ihrer Stellung wegen der früher straffrei gebliebenen Delikte nunmehr verfolgt werden könnten (Beling S. 173 und die dort zitierten), eine Konsequenz, die ich allerdings für meine Person nicht übernehmen kann. Aber dieser Konsequenz ist ja durch entgegenstehende Gewohnheit ein Riegel vorgeschoben worden, wenn man sich auch nicht in jeder Koch-Affäre daran gehalten hat. Diese auf vernünftiger, aber regelwidriger Sonderbestimmung beruhende Unmöglichkeit, den Gesandten nach Niederlegung seines Amtes wegen einer vorher begangenen Handlung im Empfangsstaat zu verfolgen, kann dann aber anderenteils nicht mit Liszt als ein Beweis dafür gelten, daß der Exterritoriale Freiheit vom materiellen Recht genieße.

[1]) So auch Beling S. 117.

[2]) Ueber dieses Recht der Neutralen im Krieg vgl. das Neutralitätsabkommen für den Seekrieg Art. 9, 12 ff.

[3]) Vgl. Bonfils-Grah, Völkerrecht S. 337, überhaupt S. 334—339.

[4]) Beling S. 177 f. Aehnlich Schücking S. 67 ff.

passen will, welche sich bei den Kriegsschiffen als wahre Gebietsherrschaft vorstellt und doch andererseits die Schiffsbesatzung wiederum den aufenthaltstaatlichen Gesetzen unterwirft.[1]) Nachdem bei der Exterritorialität im allgemeinen die buchstäbliche Auffassung verdrängt ist, darf man erwarten, daß die bessere Einsicht auch bei der juristischen Behandlung der Kriegsschiffe zum Ausdruck kommt.

Ueber den Umfang und Inhalt der Ausnahmestellung der Kriegsschiffe mag man auch ferner in der Theorie mit Rechtsgründen streiten[2]) und in der Praxis aus Zweckmäßigkeitsgründen Vergleiche schließen.[3]) Aber ich bleibe dabei: ein englisches Kriegsschiff in einem deutschen Hafen ist ebensowenig englisches Gebiet[4]) als das englische Botschaftshotel in Berlin englischer Boden ist.[5]) Wenn z. B. auf einem englischen Kriegsschiff, das im Hafen von Danzig liegt, ein Russe einen Einbruchsdiebstahl begeht und dann nach der Flucht von der Danziger Polizei ergriffen wird, so ist m. E. die Herrschaftszuständigkeit des deutschen StGB. nach § 3 nicht wohl zu bestreiten.

Die Stellung des Gerichtsfreien kann im übrigen freilich nach dem Träger bzw. seinem Amt einen verschiedenen Inhalt haben. Aber die Exterritorialität selbst ist niemals, wie der Name zu sagen scheint, wirkliche Gebietsaussonderung,[6]) sondern immer nur Unabhängigkeit von der örtlichen Zwangs- und Gerichtsgewalt. Die Rechtsstellung der Kriegsschiffe ist nur nach der Richtung erweitert und dadurch qualifiziert, daß sie neben ihrer Gerichtsfreiheit eigene Jurisdiktionsgewalt haben. Aber das gehört einesteils nicht mehr zum Inhalt der Exterritorialität,[7]) und weiterhin wird bei dieser Zuständigkeitserweiterung die Jurisdiktion des Kriegsschiffes immer noch nicht Ausfluß einer Gebietshoheit, wie ja auch die Militärgewalt über Truppenkörper im fremden Lande der gebietsrechtlichen Grundlage entbehrt.

b) Umgekehrt sind die Kauffahrteischiffe wie alle Privatschiffe in fremden Eigen- und Küstengewässern, unbeschadet des völkerrechtlich abgerungenen droit de passage, der dortigen Territorialhoheit verfangen[8]) und bleiben mit dem Heimatstaat nur noch insoweit in rechtlicher Beziehung, als der Uferstaat die Geltung fremden Rechtes zuläßt.[9]) Nach der Telegraphennovelle vom 7. März 1908 (RG. S. 79) trifft daher der Reichskanzler auch „Anordnungen über den

---

[1]) Beling, S. 146 ff.

[2]) Ich bemerke, daß sich auch das Institut für internationales Recht wiederholt mit unserer Frage beschäftigt hat: 1897 in Kopenhagen, 1898 in Haag. Vgl. Annuaire XVI S. 231 ff., XVII S. 231 ff. Die Beschlüsse S. 273 ff. Vgl. besonders Art. 16 (S. 277).

[3]) Bonfils-Grah S. 337.

[4]) A. M. die herrschende Lehre und mit ihr auch Beling S. 164 ff., und Grünwald, Luftschiff S. 45 ff. Auch bei der Beurteilung der Distanzdelikte kommt das zum Ausdruck a. a. O. S. 47, 51.

[5]) Für das Botschaftshotel vgl. Binding, Handb. I S. 407 und Beling S. 178, 180 sowie die dort angeführten Reichsgerichtsentscheidungen.

[6]) Das gibt Beling S 117 wohl im allgemeinen zu, läßt es indes für die Staatsschiffe nicht gelten (S. 164). Diese sollen wirkliches Gebiet des Heimatstaates oder Inland des letzteren sein, und das Staatsschiff soll diesen Charakter auch durch den Eintritt in eine „fremdstaatliche Gebietshoheitssphäre" nicht verlieren.

[7]) So auch Beling S. 150 bezüglich der Truppen auf fremdem Gebiet.

[8]) Vgl. oben S. 5 f. (185 f.). So auch Beling S 165. A. M. Schücking S. 39 ff., 56, der dies nur für die in den Küsten- und Eigengewässern liegenden Kauffahrteischiffen gelten läßt, aber die in den Küstengewässern fahrenden als territoire flottant behandelt. Daß fremde Handelsschiffe in deutschen Häfen der deutschen Gerichtsbarkeit unterworfen sind, hat auch das Reichsgericht anerkannt (Entsch. II, 17).

[9]) Stoerk in Holtzendorffs HB. des VR. II S. 447.

Betrieb der Funkentelegraphenanlagen auf fremden Fahrzeugen für Seefahrt oder Binnenschiffahrt, welche sich in deutschen Hoheitsgewässern aufhalten". Die Kriegsschiffe sind hier nicht ausgenommen, und im Krieg greift die Bestimmung des Neutralitätsabkommens für den Seekrieg (Art. 5) resp. für den Landkrieg (Art. 3) Platz. Trotz seiner prinzipiellen strafherrschaftlichen Zuständigkeit greift indes heute ein Uferstaat nur noch dann, aber auch immer dann ein, wenn nach seiner Ansicht die eigene Interessensphäre berührt wird.[1] So hat ein englisches Gesetz von 1878 für die in englischen Eigen- und Küstengewässern begangenen Delikte ausdrücklich die Zuständigkeit der englischen Rechtes und der englischen Gerichte aufgepflanzt. Die jetzt noch von Schücking S. 42 f. dagegen erhobenen Einwendungen sind um so weniger veranlaßt,[2] als vom Standpunkt der Kompetenz-Kompetenz aus England seine Gesetzesherrschaft ja noch weiter hätte ausdehnen können. Nur die Ableugnung des droit de passage war völkerrechtswidrig.[3]

Für eine verschiedene Interessenwürdigung und mithin für partikulares Völkerrecht bleibt da natürlich Raum, und eine internationale Verständigung über das so umstrittene Strafrecht in Küstengewässern wäre längst veranlaßt gewesen.

Die dienstrechtliche Organisation der Handelsmarine führt übrigens leicht zu einer Annäherung an die Stellung der Kriegsschiffe. So entwickelt die deutsche Seemannsordnung vom 2. Juni 1902 §§ 93 ff. für die Schiffsmannschaften auf den Kauffahrteischiffen ein eingehendes Dienststrafrecht und läßt die Strafverfolgung im Inland stets auch dann zu, wenn das Dienstvergehen im Ausland begangen worden ist.[4] Wenn demgemäß nach französischem Vorbild die Delikte der Schiffsmannschaft dem Heimatstaat zur Bestrafung überlassen werden, so ist das wohl ein freiwilliger Verzicht auf die eigene Strafgewalt, aber noch kein völkerrechtliches Hemmnis, dem sich der Aufenthaltsstaat unterordnen müßte.[5]

2. Lassen die erwähnten Grundsätze für die Behandlung der Seeschiffe schon die allerverschiedenartigste Praxis zu, so ergeben sich durch die Uebertragung derselben auf die Luftschiffe neue Schwierigkeiten. Denn an Stelle der festumschriebenen fremden Gewässer tritt hier der unbegrenzte Luftraum über fremdem Staatsgebiet.

a) Staatliche Luftschiffe wird man ohne weiteres wie die staatlichen Seeschiffe als exterritorial gelten lassen müssen. Für die militärischen Luftballons hat dies denn auch Beling schon 1896 in Anlehnung an Heyking gefordert.[6] Man wird sich daher solche überhaupt oder an gewissen Orten verbitten und ihnen Aufenthaltsbedingungen setzen dürfen, über die zugelassenen jedoch keine Gerichtshoheit ausüben können. Damit läßt sich auskommen — auf beiden Seiten.

b) Welches ist aber die Rechtsstellung der Privatluftschiffe über fremdem Staatsgebiet? Segeln dieselben im räumlichen Bereich fremdstaatlicher Souveränität oder drängt das spezifische Strafrechtsinteresse bei den Luftschiffen

---

[1]) A. a. O. S. 451. Grünwald, Luftschiff S. 16 f. und im ArchOeffR. Bd. 24 S. 201.
[2]) Vgl auch Stoerk a. a. O.
[3]) Beling S. 115.
[4]) Seemannsordnung § 121. Ueber Verfahren und Zuständigkeit vgl. §§ 122—127.
[5]) Beling S. 150 f. Vgl. übrigens hierzu Annuaire XVII S. 281 (Art. 30).
[6]) Die strafrechtliche Bedeutung der Exterritorialität S. 133, 142.

nicht vielleicht zu dem Satz: das Luftschiff gilt als ein beweglicher Teil des Heimatstaats, dessen Flagge es trägt? Oder soll das Abkommen nicht wenigstens sagen: Die Strafrechtsherrschaft über die auf einem in Fahrt befindlichen Luftschiff begangenen Handlungen hat der Flaggenstaat.

Fauchille, welcher die Souveränität des Grundstaates in den Luftraum hinein leugnet, steht hier vor keiner schwierigen Entscheidung: Da für ihn wegen der Staatenlosigkeit des Luftraums die Zuständigkeit des Grundstaates fehlt, bleibt nichts anderes übrig, als private wie öffentliche Luftschiffe — geradeso wie Seeschiffe auf freiem Meer — den Gerichten des Flaggenstaates zu unterwerfen.[1]) Danach kommt es für die rechtliche Behandlung auf dasselbe hinaus, gleichviel, ob das Luftschiff über die hohe See oder im staatlichen Luftraum fährt. Ohne jede Unterscheidung heißt es daher im Art. 5 Abs. 1:

„Les crimes et les délits commis à bord des aérostats, en quelque partie que ce soit de l'espace, par les gens de l'équipage ou par toutes autres personnes se trouvant à bord, tombent sous la compétence des tribunaux de la nation à laquelle appartient l'aérostat et sont jugés selon les lois de cette nation, quelle que soit la nationalité des auteurs ou des victimes."[2])

Meili[3]) und Gareis[4]) haben sich dieser Auffassung bereits angeschlossen, während Grünwald dies nur für den Luftraum über dem Meer gelten läßt, für den Staats- und Küstenluftraum jedoch eine Strafrechtsherrschaft des Grundstaates auf Grund seines „Eigentums" resp. nach Maßgabe seines Interesses annimmt,[5]) weiter auch die Zuständigkeitsfolge aus den Distanzdelikten zieht,[6]) und schließlich allerdings auch einer strafrechtlichen Herrschaft des Flaggenstaates, über deren Begründung und Tragweite nähere Ausführungen erwünscht gewesen wären, das Wort redet.[7])

Geht man davon aus, daß sich die Gebietshoheit auch in die Luft hinauf erstreckt, so wird eine Rechtspolitik, deren Ideal die Rechtslogik ist, die Luftstrafrechtsherrschaft auf den Satz zu stellen haben: Für die während der Luftfahrt begangenen Verbrechen gilt der entsprechende grundstaatliche Raum als Tatort.[8])

Aber schon bei der völkerrechtlichen Würdigung der Küstengewässer wurde klar, daß man hier die Konsequenz aus der Souveränität nur nach Maßgabe des Interesses zieht.[9]) Mehr noch wird bei der Luftrechtsordnung eine vernünftige Entscheidung überhaupt nur vom Boden praktischer Interessenwürdigung möglich werden.[10])

---

[1]) Annuaire XIX S. 52.

[2]) Annuaire XIX S. 51 f. Nachbildung des Institutsbeschlusses Annuaire XVII S. 277 (Art. 16).

[3]) Luftschiff S. 37. Meili irrt aber, wenn er meint, daß auch Grünwald ohne weiteres dieser Meinung sei. Grünwald unterscheidet vielmehr und kommt dabei zu einer Konkurrenztheorie.

[4]) Beil. d. M. N N. 1909 S. 323.

[5]) Luftschiff S. 43, 46, 49, 50, 51.

[6]) A. a. O. S. 45 ff.

[7]) A. a. O. S. 46, 48, 49, 50.

[8]) Das tut Grünwald in seinem neuesten Aufsatz über den „Luftraum" im ArchOeffR. Bd. 24 S. 199 mit dem Zusatz: „Ob freilich in allen solchen Fällen es völkerrechtlich angezeigt ist, daß der Staat eine Verfolgung eintreten läßt, muß bezweifelt werden. Das Richtige wird sein, daß der Staat nur soweit er ein Interesse an der Strafverfolgung hat, zu einer solchen schreitet." Dabei verweist Grünwald auf seine Broschüre über das Luftschiff S 55 ff.

[9]) Vgl. oben S. 31 (211).

[10]) Vgl. oben S. 18 (198).

Erweitert man kurzer Hand die Herrschaft des Strafgesetzes in den Luftschiffahrtsraum hinauf, so wird vor allem das Interesse des Grundstaates an der Bestrafung in einer der Wirklichkeit widersprechenden künstlichen Weise hinaufgeschraubt. Dabei hat man umgekehrt die Durchführbarkeit der Strafbefugnisse unterschätzt. Schließlich ist aber auch die Zuständigkeitsausscheidung in der Luft ein schwer lösbares Problem; denn man muß sich die Binsenwahrheit immer wieder gegenwärtig halten: in der Luft gibt es keine Grenzpfähle.

Die praktische Lösung wird daher auf strafrechtlichem Gebiet vom Boden des Fauchilleschen Projekts aus erfolgen müssen. Damit würde die Verleihung der Nationalität an die Luftschiffe eine weit über das Seerecht hinausgehende Bedeutung erhalten und die ganze Frage der lufträumlichen Strafrechtsherrschaft mit einem kühnen Griff abgetan werden. Wir erhalten ein höchst einfaches, innerlich begründetes, überaus klares und leicht durchführbares Prinzip, wenn eine internationale Konferenz ohne weitere Unterscheidung für die auf dem Luftschiff während der Fahrt begangenen Delikte die Strafherrschaft des Flaggenstaates anerkennt. Schücking (S. 39 ff.) hat übrigens ja auch schon für die Seeschiffe ähnliches verlangt oder gar angenommen.

Für die Luftschiffe über staatenlosen Gebieten kann das als reine Gebietsherrschaft gelten. Im übrigen aber soll auch hier nicht eine neue Gebietshoheit oberhalb des Grundstaates geschaffen werden, sondern nur lege speciali eine Strafgewalt des Heimatstaates ins Leben treten, und zwar ohne Rücksicht darauf, ob es sich um staatliche oder Privatluftschiffe handelt. Diese Strafgewalt muß ja nicht durch dieselben Erwägungen wie bei Kriegsschiffen gestützt sein; es genügt für den Gesetzgeber, daß sie überhaupt innerlich begründet erscheint.

Das rechtliche Band, welches nun einmal zwischen dem strafenden Staat und dem Bestraften bestehen muß,[1]) ist ja auch hier gegeben.

Das Territorialitätsprinzip aber, das allerdings trotz der Angriffe auf seine Ausschließlichkeit immer noch als ein wohl begründeter Titel der Strafrechtsherrschaft gelten darf,[2]) findet in der Natur der sog. Distanzdelikte eine Ergänzung und Bereicherung, die im Luftschiffahrtswesen als höchste Interessenversöhnung empfunden werden wird.

Nehmen wir an: ein Ausländer in einem ausländischen Luftschiff stößt während der niedrig gehenden Fahrt über deutsches Gebiet die gröbsten Beleidigungen gegen den Kaiser aus, welche die Untenstehenden anzuhören gezwungen sind. Es wäre hier die strafrechtliche Herrschaft Deutschlands nicht gegeben, wenn nicht das Wesen der Distanzdelikte eine Brücke schlagen würde. Distanzdelikte sind Verbrechen, die an einem bestimmten Ort und zur bestimmten Zeit durch Ausführungstätigkeit begonnen, sich durch weitere Ausführungstätigkeit an anderen Orten, insbesondere aber durch die Wirkungen dieser Tätigkeit bis zum Eintritt des schließlichen Erfolges über weitere Räume und Zeitspannen erstrecken.[3]) Wie das Reichsgericht ausführt,[4]) hängt die Frage,

[1]) Vgl. Mendelssohn Bartholdy in der „Vergl. Darstellung des deutschen und ausl. Strafrechts", Allg. Teil VI S. 111.

[2]) Mendelssohn Bartholdy a. a. O. S. 313, 150 f.

[3]) So Kitzinger, Ort und Zeit der Handlung in der „Vergleichenden Darstellung des deutschen und ausl. Strafrechts", Allg. Teil Bd. I S. 139.

[4]) Entsch. vom 23. Dezember 1889 (XX S. 146). Nach dem Tatbestand, welcher dieser Entscheidung zugrunde lag, war ein Franzose beschuldigt, daß er an der französischen Grenze, aber noch auf französischem Boden, durch den Ruf vive la France den Aufruhr

wo eine Handlung begangen wurde (StGB. § 3), davon ab, „wie weit sich die Handlung erstreckt". „Ein Delikt ist begangen auch in einem weiteren räumlichen Gebiet als in welchem die Handlung ihren Ausgangspunkt nimmt." Die Nutzanwendung für die Luftschiffe ergibt sich ohne weiteres.[1]) Und die Ausführungen des Reichsgerichts treffen nicht bloß das Rufen, sondern auch das Schießen, Auswerfen usw. aus dem Luftschiff. Hier muß eben die ganze die Hörweite umfassende oder von der Kugel oder dem Steine durchlaufene Raumstrecke als Ort der Begehung angesehen werden,[2]) und damit hat sich eine wünschenswerte Versöhnung der staatlichen Strafansprüche vollzogen.

Es werden aber auch noch Besonderheiten vorzusehen sein. Doch ist unschwer zu erkennen, daß auch hier die bei den Distanzdelikten wirkende Idee nur eine besondere gesetzliche Anwendung und Durchbildung erfährt: die Strafgewalt soll eben derjenige Staat haben, bei dem die schädigende Wirkung der Handlung Erscheinung gewinnt.

Die erste Ausnahmegruppe begegnet uns in den völkerrechtlichen Delikten, wie z. B. Münzverbrechen, wo jeder Staat, und in den Verbrechen gegen den Staat, wo eben dieser Staat einen Strafanspruch haben muß. Diese Gruppe trifft unter der Billigung von Meili[1]) der Fauchillesche Entwurf im Abs. 2 des Art. 15:

„Toutefois les infractions qui portent atteinte à la sûreté ou à la fortune d'un État, telles que conspiration, trahison, fausse monnaie, etc., doivent, en quelque endroit qu'elles aient été commises, être jugées par les tribunaux et selon les lois de l'État lésé." [3])

Es handelt sich hier in der Hauptsache um die auch im StGB. § 4 Ziff. 1—2 besonders gestellten Delikte, wo das Band zwischen dem strafenden Staat und dem zu bestrafenden Täter teils ein bei allen Staaten vorhandenes gleiches, teils ein für einen bestimmten Staat gegebenes besonderes Interesse an der wirklichen Bestrafung ist.[4])

Eine zweite, speziell luftrechtliche Ausnahmegruppe, die sich ebenfalls auf dem Boden des besonderen Strafinteresses bildet, hat der Fauchillesche Entwurf noch eigens zur Wahrung des staatlichen Selbsterhaltungsrechts vorgesehen (Art. 15 Abs. 3):

„De même, l'État riverain a compétence, pour juger les aérostats qui, au mépris de son droit de conservation, ont franchi sa zone d'isolement, se sont livrés à l'espionnage ou se sont soustraits à sa surveillance douanière et sanitaire."

Es würde m. E. genügen, ist aber andernteils aus Erwägungen der Souveränität auch selbstverständlich, daß ein Staat die Beobachtung seiner luftpolizeilichen Bestimmung erzwingt und die Zuwiderhandlung bestraft. Das könnte

---

in den Reichslanden habe erregen wollen. Das Reichsgericht sagte: Tatort ist der gesamte Umkreis, den jemand mit seiner Stimme beherrscht. Durch die Vernehmbarkeit in Deutschland war die Handlung auch im Inland begangen.

[1]) So auch Grünwald, Luftschiff S. 42, 45 ff.

[2]) Vgl. Löwe-Hellweg, Komm. z. StPO. 12. Aufl. S. 216.

[3]) Luftschiff S. 38.

[4]) Zur ersten Gruppe oder zu den sog. völkerrechtlichen Delikten wird man auch bei der Revision des StGB. übrigens außer den Münzverbrechen doch wohl noch Seeraub, Sklaven- und Mädchenhandel, sowie die Verbrechen gegen Kabel, Kanäle und Eisenbahnen zu rechnen haben. Vgl. zu dieser Frage auch Mendelssohn Bartholdy in der „Vergl. Darstellung des deutschen und ausländischen Strafrechts" Allg. Teil Bd. VI S. 122, 125, sowie schon Beling, Die strafr. Bedeutung der Exterritorialität S. 40.

bei der Konzessionierung zum Ausdruck gebracht werden. Auch die Idee der von Fauchille [1]) vorgeschlagenen Rechtshilfe dürfte sich leicht verwirklichen lassen. [2])

Auf dem Gebiet der Strafrechtswissenschaft herrscht zurzeit eine große Rührigkeit. Insbesondere wird die „Vergleichende Darstellung des deutschen und ausländischen Strafrechts", welche als Vorarbeit zur deutschen Strafrechtsreform auf Anregung des Reichsjustizamtes unternommen wurde, voraussichtlich ihre Rückwirkung auch aufs Völkerrecht äußern. Von besonderem Interesse sind in dieser Hinsicht durch die Wahl des Themas die Arbeiten von Kitzinger [3]) und Mendelssohn Bartholdy. [4]) Die reichen literaturgeschichtlichen Nachweise des letzteren zeigen, mit welcher Eindringlichkeit das Institut für internationales Recht, [5]) die freiere internationalistische, [6]) und die ausländische nationale Doktrin [7]) bis jetzt auf dem Gebiet des internationalen Strafrechts gearbeitet hat. Nach einer eingehenden Darstellung der positiven Auslandsrechte [8]) übt dann Mendelssohn Bartholdy Kritik [9]) und unterbreitet seine Ergebnisse, [10]) in welchen für das internationale Strafrecht des StGB. eine grundsätzliche Aenderung der bisherigen gesetzgeberischen Technik befürwortet wird.

Soll auf dem Gebiet des internationalen Strafrechts aber auch noch weiterhin das freie Selbstbestimmungsrecht der Staaten walten?

Die Internationalisten erwarten vom Völkerrecht die erlösende Tat und damit die wünschenswerte Einheitlichkeit und Geschlossenheit des internationalen Strafrechts.

Nach Meili liegt es nicht außer dem Bereich der Möglichkeit, daß sich die Staaten bei der Behandlung des Luftschiffahrtsrechts auch näher treten für die Fragen des internationalen Strafrechts überhaupt, wobei mit dem Strafrechtsschutz der Verkehrsmittel begonnen werden könnte. [11]) Er hofft, daß das Spezialgebiet der Luftschiffahrt ein „Pionier werde, der dem internationalen Strafrecht die Wege beleuchtet" (!)

Auf jeden Fall empfiehlt es sich, daß man erst einmal im Kleinen positive Arbeit leistet: Die Luftschiffahrtsfrage ist dazu sehr geeignet. Mendelssohn Bartholdy hat bereits so etwas wie eine leise Aufmunterung zum Abschluß einer Konvention über die Behandlung der Distanzdelikte ergehen lassen. [12]) Es wird aber wohl auch noch darüber hinaus eine Einigung über das Luftschiffahrts-

---

[1]) Art. 15 Abs. 4: „Les autorités du pays où atterrit un aérostat sur lequel un fait délictueux a été commis peuvent, dans le cas même où le fait échappe à la compétence de la jurisdiction locale, procéder à l'arrestation de l'auteur de l'infraction et accomplir les mesures urgentes nécessaires à l'instruction; elles doivent aussitôt que possible livrer le délinquant à l'État compétent pour le juger. Lorsque le fait délictueux a eu lieu à bord d'un aérostat public, les autorités locales n'interviennent que sur la demande écrite du commandant de l'aérostat".

[2]) Ebenso Meili S. 44.

[3]) „Ort und Zeit der Handlung" im Allg. Teil, Bd. I, S. 135 ff. Eine gründliche Erörterung über die Distanzdelikte.

[4]) „Das räumliche Herrschaftsgebiet des Strafgesetzes" Allg. Teil Bd. VI S. 85 ff.

[5]) a. a. O. S. 96 ff.

[6]) a. a. O. S. 116 ff.

[7]) a. a. O. S. 143 ff.

[8]) a. a. O. S. 169—293.

[9]) a. a. O. S. 294 ff.

[10]) a. a. O. S. 310 ff. Vgl. in Verbindung damit die Vorschläge von Kitzinger a. a. O. I S. 178, 186, 222.

[11]) Luftschiff S. 43.

[12]) S. 90.

strafrecht zu erzielen sein und damit wäre dann in der Tat der Konventionsweg zu einem internationalen Strafrecht freigemacht.

§ 5. Die kriegsrechtliche Würdigung.

I. Bei der Kodifikation des Kriegsrechts auf den beiden Haager Friedenskonferenzen wurde die Luftschiffahrt bereits in beschränkter Weise berücksichtigt:

1. Im Vordergrund des völkerrechtlichen Interesses stand bei der Luftschiffahrt von Anfang an die Spionage. Schon das Landkriegsreglement der ersten Haager Konferenz hatte im Art. 29 nach einer Definition des Spions, welche die Spionage als Kundschaftung begreift, die durch die Heimlichkeit qualifiziert wird (Abs. 1), im weiteren den Vorwurf der Spionage von gewissen Personen in Luftschiffen [1]) abgewehrt, die bereits durch den Begriff der Spionage vollkommen geschützt erschienen.[2]) Die zweite Haager Konferenz hat diese Bestimmung bei der Revision des Reglements im Art. 29 wiederum eingestellt.[3]) Sie gilt also bereits, und die von Fauchille (Entwurf Art. 26) empfohlene nochmalige Hervorhebung im Luftschiffahrtsvertrag ist daher unnötig, und war es auch bereits für die Zeit des Vorschlags 1902.

Ueber die Frage der Luftschifferspionage vgl. meine „Haager Friedenskonferenz" II S. 175—179.

2. Das Verbot, unverteidigte Orte anzugreifen oder zu beschießen, erhielt bei der Revision des Landkriegsreglements auf der zweiten Haager Friedenskonferenz im Art. 25 den Zusatz „mit welchen Mitteln es auch sei".

Durch diese Fassung sollte das Bombardieren der unverteidigten Orte aus Luftschiffen mitgetroffen werden.[4])

Hier wird man aber fragen: dürfen denn Luftschiffe sonst angreifen, also verteidigte Plätze und Truppen beschießen?

Die Antwort gibt die Ballonerklärung und der Umstand, ob die Kriegführenden diese Erklärung angenommen haben. Darauf ist nunmehr einzugehen.

3. In der ersten von den drei Deklarationen der Haager Friedenskonferenz von 1899 war das Werfen von Geschossen und Sprengstoffen aus Luftschiffen oder auf anderen ähnlichen neuen Wegen für die Dauer von 5 Jahren verboten worden.

Auf der zweiten Haager Konferenz wurde dieses inzwischen abgelaufene Verbot „für einen bis zum Schluß der dritten Haager Friedenskonferenz reichenden Zeitraum" erneuert.

Dazu bemerkt indes das deutsche Weißbuch S. 17:[5]) „Deutschland hatte der Vereinbarung auf der Konferenz unter der Bedingung zugestimmt, daß alle großen Militärmächte denselben Standpunkt einnehmen würden. Da verschiedene

---

[1]) „Personen, die in Luftschiffen befördert werden, um Nachrichten zu überbringen, oder um überhaupt Verbindungen zwischen den verschiedenen Teilen eines Heeres oder eines Gebietes aufrecht zu erhalten" (Abs. 2 Satz 3).

[2]) Vgl. meine „Haager Friedenskonferenz" II S. 175.

[3]) Dies möchte ich gegenüber einer Bemerkung von Meili S. 51 f., der in der neuen Ordnung diese Bestimmung nicht mehr gefunden hat, feststellen.

[4]) So auch Meili, Luftschiff S. 50 und der dort zitierte Fauchille.

[5]) Anlage Nr. 527 der 12. Legislatur-Periode I. Session 1907.

dieser Mächte die Erneuerung abgelehnt haben,[1]) wird auch Deutschland ihr nicht beitreten können".

Die bedingte Zustimmung Deutschlands auf der zweiten Haager Konferenz war in Wirklichkeit eine Ablehnung, die anfangs diplomatisch verschleiert worden war, und die vollauf begründet erscheint und empfohlen war.[2]) Die für das Verbot ins Feld geführten Menschlichkeitserwägungen gipfelten im Anfang der Verhandlungen der ersten Haager Friedenskonferenz ja wohl in dem besonders von den Russen und Holländern vertretenen Satz, man solle die furchtbaren Höllenmaschinen, die vom Himmel fallen sowie alle Mittel der Treulosigkeit bei der Kriegsführung ausschließen.[3]) Man scheint mit der Erfindung besonderer „Bombenballons"[4]) gerechnet zu haben.[5]) Die Bedenken schrumpften dann aber insbesondere durch das Eingreifen der Amerikaner in der Hauptsache auf den Satz zusammen, daß das Luftschiff mangels der Lenkbarkeit noch kein geeignetes Kriegsmittel und die örtliche Abgrenzung noch nicht sicher genug sei: Die Geschosse träfen noch ohne Wahl die Kombattanten wie die friedliche Bevölkerung, eine Batterie so gut wie eine Kirche.[6])

Mit der Lösung des Lenkbarkeitsproblems wurden nun aber die Luftschiffe ordentliche Kriegsmittel, und es sind bereits förmliche Luftschifferabteilungen der Heeresverfassung eingegliedert.[7]) Für die Signatarmächte der Deklaration besteht nunmehr somit der unhaltbare[8]) Zustand, daß man auf ein Luftschiff wohl schießen, daß sich dieses aber nicht wehren darf. Ich nehme indes an, daß das hiernach bestehende auffallende Mißverhältnis durch die besondere Aufgabe, die den militärischen Luftschiffen gesetzt ist, weniger in die Erscheinung treten wird.

Wenn man von der Zerstörung wichtiger Stromübergänge und ähnlicher Anlagen absieht, wird nämlich das Militärluftschiff, soweit sich das durch einen Laien überhaupt beurteilen läßt, voraussichtlich weniger für den Vernichtungskampf, als vielmehr für den Aufklärungsdienst Verwendung finden.[9]) Und hierauf hat sich denn auch schon die Technik eingerichtet. Die Aufklärungsaufgaben gehen nämlich über einen mehr oder weniger beschränkten örtlichen Rahmen nicht hinaus, innerhalb dessen es dann aber auch wohl möglich wird, an geeigneten Aufstellungspunkten Geschütze im Voraus bereit zu stellen, um von dort aus die zur Beobachtung sich nahenden feindlichen Luftschiffe in aller Ruhe

---

[1]) Von 44 Staaten haben in der Plenarversammlung am 17. August 1907 der von England beantragten Erneuerung bis zur III. Friedenskonferenz 28 zugestimmt. Mit Nein stimmten 8 Staaten: Deutschland, Argentinien, Oesterreich-Ungarn, Italien, Montenegro, Persien, Rumänien und Rußland; der Stimme enthielten sich folgende 8 Staaten: Chile, Spanien, Frankreich, Japan, Mexiko, Peru, Schweden und Venezuela. (Vgl. „Deuxième conf. intern. de la Haye Actes et documents" I S. 88.)

[2]) Vgl. meine Haager Friedenskonferenz II S. 649, 469.

[3]) A. a. O. S. 463 ff.

[4]) Meili (übrigens mit dem weiteren Bemerken, daß der Idealismus im Krieg seine Grenzen hat und daß die Militärstaaten wohl nicht nachgeben werden) S. 50. Anders aber S. 49.

[5]) Fauchille, Annuaire XIX S. 69. Dieser bemerkt weiter mit Recht: „Le fait de jeter du haut d'un aérostat des projectiles sur la terre ou sur la mer n'est ni plus inhumain ni plus perfide que l'emploi de canons, placés sur une hauteur au-dessus d'une plaine."

[6]) A. a. O. S. 464, 465, 468.

[7]) Ueber die einschlägigen Organisationen in Frankreich, Deutschland, England, Oesterreich und Rußland vgl. Hildebrandt, Luftschiffahrt S. 161 ff.

[8]) So auch Moederbeck, Die Luftschiffahrt 1906 S. 103.

[9]) Das nimmt auch Fauchille an (Annuaire XIX S. 68).

zu vernichten. Im allgemeinen ist von Luftschiffen über 7 km kaum noch eine Aufklärung zu erwarten. Wenn also Geschütze eine Wirkung bis zu dieser Höhe sichern, so dürfte sich bei angemessener Verteilung derselben über das ganze Sicherungsgebiet ein Schutzgürtel gegen feindliche Luftschiffe bilden lassen. Hierfür hat die Firma Krupp nun bereits besondere Ballonabwehrkanonen hergestellt, bei welchen in einem Falle der Scheitelpunkt der Flugbahn gar auf 11½ km zu liegen kommt, indes die Reichweite sich noch über 8½ km erstreckt.[1])

Bei der Besprechung der Haager Ballon-Deklaration muß ich indes noch einer Bemerkung von Hilty gedenken, der mit der Miene des Wissenden die ratio legis der Deklaration enthüllen will, und seine Feststellung „gegenwärtig[2]) ohne Anstoß" glaubt machen zu können. Wenn es hier heißt: „Jenes Verbot des Lanzierens von Explosivgeschossen aus Ballons hatte unter anderem den Schutz der Themsehauptstadt gegen Ueberrumpelung zum Motiv,"[3]) so wäre vor allem eine Aufklärung darüber erwünscht, warum denn England — und dieses nur allein — 1899 die Unterzeichnung der Deklaration abgelehnt hat.[4])

Vielleicht will aber Hilty nur erklären, wodurch sich der Sinneswechsel der Engländer, der 1907 im Haag durch die Beantragung der neuerlichen Ballonerklärung resp. ihrer Befristung zutage trat, vorbereitet hat. Die Protokolle der zweiten Haager Friedenskonferenz, deren erster Band allerdings erst erschienen ist, enthalten nun über die englischen Motive gar nichts (I, 87 f.) — und es ist fraglich, ob die Kommissionsprotokolle des II. resp. III. Bandes uns weiter bringen —, aber ich kann mir nicht denken, daß die veränderte Haltung Englands 1907 durch das Invasionsmärchen bestimmt worden sein soll.

4. Ueber Art. 53 Abs. 2 des revid. Landkriegsreglements vgl. unten S. 41 (221).

II. **Was soll der künftige Luftschiffahrtsvertrag für das Kriegsrecht vorsehen?**

In der Hauptsache wird es genügen, daß man aus der Rechtsnatur des Luftraumes die Folgerung für den Kriegsschauplatz und das neutrale Gebiet zieht.[5])

Zum möglichen **Kriegsschauplatz** gehört danach nicht bloß das offene Meer, sowie die Eigen- resp. Küstengewässer und das Land der Kriegsparteien selbst, sondern überall auch der zugehörige Luftraum.

Darauf kommt selbst Fauchille hinaus (Art. 21 Abs. 1),[6]) der doch sonst überall die Luftfreiheit als leitendes Prinzip annimmt. Er begreift das nur als Folge des staatlichen Selbsterhaltungsrechts, gibt aber zu, daß sich in diesem Punkt die Souveränitäts- und Selbsterhaltungstheorie im Resultat nicht unterscheiden. Man sieht hier übrigens wieder, daß man die Gegensätzlichkeit von Prinzipien nicht überschätzen soll und daß der Schwerpunkt bei praktischen Entscheidungen nicht in der Theorie, sondern in den Konsequenzen liegt, die aus der Theorie gezogen werden wollen.

---

[1]) Der Ingenieur A. Haenig hat diese neuesten Konstruktionen schon in der „Illustrierten Zeitung" am 31. Dezember 1908 (S. 1245 ff.) beschrieben und Abbildungen davon gebracht; ebenso Generalleutnant z. D. Rohne in der „Woche" 1909 H. 9 S. 375 ff.

[2]) Er fügt in der Anmerkung hinzu: „geschrieben 1903. Bestätigt Febr. 1904 bezüglich aller Inselvölker; dieselben haben eine privilegierte Lage gehabt."

[3]) ArchOeffR. Bd. 19 S. 89.

[4]) Vgl. meine „Haager Friedenskonferenz" II S. 458.

[5]) Liszt, VR. 5. Aufl. S. 81.

[6]) Annuaire S. 59.

Umgekehrt erstreckt sich dann aber nach demselben Grundsatz auch die Neutralität eines Landes in den zugehörigen Luftraum hinauf; und es versteht sich danach von selbst, daß der zum Gebiet eines neutralen Staates gehörende Luftraum von den Kriegführenden nicht zum Schauplatz kriegerischer Operationen gemacht und auch nicht einmal zur Vorbereitung des Kampfes benützt werden darf.[1]) Auch das erkennt Fauchille an und zwar läßt er praktischen Blicks Feindseligkeiten[2]) in jeder Lufthöhe über dem neutralem Gebiet verboten sein (Art. 21 Abs. 2).[3]) Würde sich über dem neutralen Gebiet, sei es sofort oder auch erst von einer gewissen Höhe an, der Kriegsschauplatz auftun dürfen, so wäre es um den Frieden des Grundstaates geschehen.

Wenn Fauchille dann aber Luftschiffe eines kriegführenden Staates, „qui n'entendent pas s'y livrer au combat", auf dem neutralen Gebiet zugelassen sehen will, und gar auch hier von 1500 Meter an volle Luftfreiheit gelten läßt,[4]) so ist das letzte unmöglich und das erste nur annehmbar, wenn der neutrale Staat alle Garantien dafür hat, daß sein Luftraum auf diese Weise nicht doch noch in den Kriegsschauplatz hineingezogen wird.

Dabei ist die Frage der Zulassung und Verschlagung eines Militär-Luftballons auf neutralen Boden noch eigens zu prüfen.

Der Art. 28 des Fauchilleschen Entwurfs sieht hier die Freiheit der Insassen vor: „ils peuvent en sortir", doch sollen sich nicht zwei Feinde gleichzeitig vom selben Ort entfernen dürfen. Auch soll es ihnen verboten werden, auf dem neutralen Gebiet etwas zu tun, was ihre militärische Macht stärken könnte.

Es wird indes von den Militärs geprüft werden müssen, ob nicht Anlaß gegeben sein kann, hier auch auf den Ideenkreis des Art. 11 des von der zweiten Haager Friedenskonferenz geschaffenen Neutralitätsabkommens für den Landkrieg, der dem Art. 57 des alten Landkriegs-Reglements entspricht, zurückzugreifen.

Umgekehrt bleibt der Luftraum, der wirklicher Kriegsschauplatz ist, natürlich für die Luftschiffahrt der Neutralen geschlossen. Diese Konsequenz läßt im vollen Umfang auch Fauchille vom Boden seiner Selbsterhaltungstheorie aus gelten; auch empfiehlt er darüber hinaus noch die Aufstellung einer besonderen Schutzzone an der Grenze der kriegsführenden Staaten, wo sich die Neutralen zur Vermeidung jeglicher Spionage bis auf eine Distanz von 11000 m fern zu halten haben (Art. 22).[5]) Mit der horizontalen Schutzzone und den Landungsverboten auf dem Kriegsschauplatz konnte auch Fauchille um so weniger auskommen, als in der Tat keine Garantie, und nur zu oft wohl auch keine Kenntnis davon besteht, ob bei der Fahrt die vorschriftsmäßige Höhenlinie beobachtet und weiterhin nicht doch Notstandslandungen in Szene gesetzt werden wollen. Keine Kriegspartei kann aber dulden, daß Neutrale unter der Form

[1]) Liszt, VR. 5. Aufl. S. 81, Grünwald im ArchOeffR. Bd. 24 S. 198.

[2]) „actes hostiles „susceptibles d'entrainer la chute de projectiles." Der Zusatz kann wegbleiben.

[3]) Der Zusatz „et à proximité des côtes de ces États dans un rayon déterminé par la force de canon de leurs aérostats" will noch die Schutzstellung des neutralen Küstenmeeres festlegen, die sich übrigens schon aus der rechtlichen Natur des letzteren ergeben muß. (Fauchille a. a. O. S. 63 f.)

[4]) Annuaire XIX S. 65 f.

[5]) Annuaire XIX S. 64 ff.

friedlicher Schiffahrt für den Gegner die Auskundschaftung besorgen.[1]) Auch die Sicherheit der Luftschiffahrt scheint zu verlangen, daß ihr während eines Krieges der Luftraum über den Gebieten der Kriegsparteien wenigstens in einer kundgegebenen Richtung und Ausdehnung verschlossen bleibt.

Was die letzterwähnte Einschränkung betrifft, so wird nämlich die Konferenz zu prüfen haben, ob nicht eine Begrenzung des für die neutrale Luftschiffahrt zu sperrenden Raumes auf gewisse dem wirklichen Kriegsschauplatz naheliegende Gebiete ein billiger Ausgleich der entgegenstehenden Interessen wäre.[2]) Und innerhalb dieser neutralisierten Luftschiffahrtszone sollten dann m. E. auch die Privatluftschiffe mit feindlicher Flagge verkehren dürfen.

III. Weitere Bestimmungen scheinen zurzeit noch nicht veranlaßt. Fauchilles Entwurf will im Art. 23 den Luftkrieg mit den Bestimmungen des Seekriegs gemessen sehen.[3]) Er opfert demgemäß für den Luftkrieg den Schutz des Privateigentums (Art. 24),[4]) sieht für die Insassen eines in die Gewalt des Gegners geratenen Luftschiffs Kriegsgefangenschaft vor (Art. 25)[5]) und will das Rotekreuzabkommen für den Seekrieg zur Anwendung gebracht sehen (Art. 27).[6])

Die Notwendigkeit, Angemessenheit oder auch nur Angängigkeit der Unterwerfung des Luftkriegs unter das Seekriegsrecht vermag ich indes nicht einzusehen. Mit dem Satz, daß die Luft mehr dem Meer als dem festen Land gleiche und auch die „situations“ des Luft- und Seekriegs die größte Aehnlichkeit hätten,[7]) kann man keine so grundlegende Entscheidung treffen, deren voller Umfang im Augenblick zudem schwer zu übersehen ist.

Mit einem besonderen Luftkrieg wird man aber auch vorerst überhaupt noch nicht zu rechnen brauchen. Die Luftschiffe versehen den Aufklärungsdienst, und wenn sie dabei heruntergeschossen werden, so ergibt sich die Behandlung nach Land- oder Seekriegsrecht sowie nach Land- oder Seekriegssanitätsrecht, je nachdem dabei die Marine oder das Landheer beteiligt erscheint. Für die Verwundeten eines feindlichen Luftschiffes, das in die Gewalt einer Abteilung des Landheeres geraten ist, öffnen sich doch wohl die Feldlazarette und nicht die Lazarettschiffe, und für die Frage der Kriegsgefangenschaft liegt die Sache ganz ähnlich. Kriegsgefangene werden die Angehörigen einer Kriegspartei übrigens dadurch, daß sie in die Gewalt des Gegners geraten;[8]) das gilt für den See- wie für den Landkrieg.

Wenn aber Fauchille hauptsächlich deshalb zu der erwähnten Gleichstellung geführt wurde, um die feindlichen Privatluftschiffe kurzer Hand auf den Boden der

---

[1]) Darauf geht auch die Bemerkung von Liszt (VR. 5. Aufl. S. 81): „Das Aufsteigenlassen von Luftballons in diesem (nämlich: neutralen) Luftraume, um die Stellungen und Bewegungen des Feindes zu beobachten, oder um Nachrichten an die Truppenteile gelangen zu lassen, würde als Verletzung der Neutralität betrachtet werden müssen“.

[2]) Hierin stimme ich Scholz (ArchOeffR. Bd. 19 S. 602) vollkommen bei.

[3]) A. a. O. S. 68 ff.

[4]) A. a. O. S. 71 f.

[5]) A. a. O. S. 72.

[6]) A. a. O. S. 73.

[7]) Annuaire XIX S. 70.

[8]) Vgl. meine „Haager Friedenskonferenz“ II S. 120, 405. Weiter „Die neue Genfer Konvention“ S. 15 (Ztschr. f. VR. II S. 535).

seekriegsrechtlichen Schutzlosigkeit stellen zu können,[1]) so wird das auf eine harte Gegnerschaft stoßen. Bekämpft man dieses System schon für den Seekrieg,[2]) so erscheint mir die Uebertragung auf den sog. Luftkrieg erst recht bedenklich und daneben auch noch völlig zwecklos. Durch das Prinzip der Schutzlosigkeit der gegnerischen Kauffahrteischiffe soll der Feind an den Wurzeln seines Nationalwohlstandes getroffen werden. Wenn man aber private Luftschiffe mit feindlicher Flagge abfaßt, was übrigens, wenn man nicht gleich das Schießen beginnt, in der Luft nicht so einfach ist wie auf der See,[3]) so wird das auf den Fortgang des Krieges von keinem Einfluß sein.

Ueber die neutralisierte Zone habe ich bereits S. 40 (220) gesprochen. Das Operationsgebiet aber bleibt den Kriegführenden vorbehalten, und Privatluftschiffe mit feindlicher Flagge, die hier in der Luft erscheinen, haben damit zu rechnen, daß sie als Feind heruntergeschossen werden.[4]) Für die Luftschiffe, die im Okkupationsgebiet vorgefunden werden, haben wir lex specialis.

Das Reglement der zweiten Haager Konferenz über den Landkrieg (Art. 53 Abs. 2) behandelt nämlich die Luftschiffe im besetzten Gebiet auf gleicher Stufe mit den Mitteln, die zu Land oder Wasser zur Weitergabe von Nachrichten und zur Beförderung von Personen oder Sachen dienen. Danach können Luftschiffe, selbst wenn sie Privatpersonen gehören, wohl zum Schutz gegen die Verwendung zu Kriegszwecken mit Beschlag belegt werden; beim Friedensschluß sind sie aber zurückzugeben und die Entschädigungen zu regeln. Es liegt kein Grund vor, dies nicht auch für das bloße Invasionsgebiet gelten zu lassen.[5])

---

[1]) Annuaire XIX S. 70.
[2]) Vgl. meine „Haager Friedenskonferenz" II S. 262 ff.
[3]) So auch Hilty im ArchOeffR. Bd. 19 S. 93.
[4]) Vgl meine „Haager Friedenskonferenz" II S. 176 ff.
[5]) A. a. O. S. 221, 225.

FSC
www.fsc.org
MIX
Papier | Fördert
gute Waldnutzung
FSC® C083411

Kolibri 360 GmbH
Ferdinand-Jühlke-Straße 7
99095 Erfurt, Deutschland
produktsicherheit@kolibri360.de